# 农民工收入质量调研与评估研究

王欣 王雷 著

北京
冶金工业出版社
2019

## 内 容 提 要

本书共分7章，主要包括研究导论、研究基础与理论框架、农民工收入质量的现实状况调查、相较于农民的农民工收入质量自我评估、与城镇居民对比的农民工收入质量自我评估、农民工犯罪倾向影响因素研究、研究结论与展望等内容。

本书可供农业经济管理、经济学、公安管理、管理科学与工程等领域的从业人员阅读，也可供大专院校有关专业师生参考。

**图书在版编目(CIP)数据**

农民工收入质量调研与评估研究/王欣，王雷著．—北京：冶金工业出版社，2019.8

ISBN 978-7-5024-8181-0

Ⅰ.①农…　Ⅱ.①王…　②王…　Ⅲ.①农工—经济收入—研究—中国　Ⅳ.①F323.6

中国版本图书馆CIP数据核字(2019)第169888号

出 版 人　谭学余

地　　址　北京市东城区嵩祝院北巷39号　邮编　100009　电话　(010)64027926

网　　址　www.cnmip.com.cn　电子信箱　yjcbs@cnmip.com.cn

责任编辑　杜婷婷　美术编辑　郑小利　版式设计　禹　蕊

责任校对　郭惠兰　责任印制　牛晓波

ISBN 978-7-5024-8181-0

冶金工业出版社出版发行；各地新华书店经销；三河市双峰印刷装订有限公司印刷

2019年8月第1版，2019年8月第1次印刷

169mm×239mm；9.25印张；178千字；136页

**52.00元**

**冶金工业出版社　投稿电话　(010)64027932　投稿信箱　tougao@cnmip.com.cn**

**冶金工业出版社营销中心　电话　(010)64044283　传真　(010)64027893**

**冶金工业出版社天猫旗舰店　yjgycbs.tmall.com**

（本书如有印装质量问题，本社营销中心负责退换）

# 前 言

随着农业经济发展，农民工收入的质量属性日益凸显。本书以农民工收入质量为研究目标，试图从收入的充足性、稳定性、结构性、成本性和知识性五维度来界定农民工收入质量的内涵。具体研究目的为：理论上，研究农民工收入质量概念的内涵和外延，辨清农民工收入数量与质量之间的区别与联系，推导出农民工收入效用普适性公式；实践上，探求构建农民工收入质量的评估指标体系，根据2012年多次实地调研数据分析农民工收入质量五维度的客观现实状况；微观上，利用Likert五级量表测度农民工收入满意度的主观感知，设定Logit二元离散选择模型实证分析农民工收入质量各维度及总体的个人特征、家庭特征及收入特征影响因素，并进行统计检验；宏观上，分别以纯农民和城镇居民两个不同视角对比研究农民工收入质量自我评估，探讨城乡间收入差距的深层次原因与农民工增收的长效机制。

本书首先采用文献分析法和规范分析法对农民、农民工、收入质量等相关理论的国内外研究现状进行归纳整理；其次采用实证分析法针对农民工收入的充足性、稳定性、结构性、成本性和知识性展开大规模实地调研并获取545份有效数据；然后采用逻辑回归方法（二元Logit）在调研数据基础上对农民工收入质量自我评估的影响因素进行深度挖掘，并使用比较分析法横向分析纯农民、农民工和城镇居民三者的收入质量五维度及总体评估，纵向分析2009、2010、2011年3年来农民工年家庭总收入的变化趋势。

系统分析本书2012年调研数据发现：

（1）从现状定性分析角度得出结论：目前我国农民工收入数量与质量水平并不匹配，数量飙升未必代表质量的同比例提高。这一结论也通过了国家统计年鉴、2009年农民工监测调查报告和其他学者大量相关调研数据的验证。

（2）从农民工自我评估的主观角度得出结论：当参照物为农民时，农民工对自身收入充足性、稳定性、结构性和知识性感到满意，对自身收入成本性感到不满意。总体而言，与农民相比，农民工对其收入质量感到满意。当参照物为城镇居民时，农民工对自身收入充足性、稳定性、结构性、成本性和知识性均感到不满意。总体而言，与城镇居民相比，农民工对其收入质量感到不满意。

（3）分别在比较对象是农民和城镇居民的前提下，通过建立二元Logit模型从五维度及总体角度分析影响农民工收入质量满意程度的因素。女性、年龄较大、已婚、受教育程度和技能水平较高、家庭规模较小、打工地位于东部、2011年家庭总收入和月工资收入较高、年工资增长幅度较大、工作单位更换次数较少、工资能够足额领取、打工收入所占总收入比例较高、农业收入是主要收入来源之一、奖金或提成所占工资收入较高、获取成本较低、从事行业对健康有益并且日工作时间较短的农民工更倾向于认同其收入质量满意度明显优于农民。女性、年龄较大、未婚、受教育程度和技能水平较高、家庭规模较小、户口已迁移、打工地位于东部、2011年家庭总收入和月工资收入较高、工作单位更换次数较少、打工收入所占总收入比例较高、奖金或提成所占工资收入较高、获取成本较低、从事行业对健康有益并且日工作时间较短的农民工更倾向于认同其收入质量满意度明显优于城镇居民。

本书的创新之处有以下四点：

（1）在强调农民工收入数量与质量异同的基础上，提出农民工收入质量概念并重点从理论视角对其进行界定。

（2）从收入的充足性、稳定性、结构性、成本性、知识性五维度构建农民工收入质量评价指标体系。

（3）在2012年实地调研数据的基础上分别在参照对象为纯农民和城镇居民的前提下对农民工收入质量五维度及总体质量展开评估和

研究。

(4) 利用10省份调查数据，在推导出农民工犯罪倾向理论模型基础上，分析农民工服刑人员和不涉罪普通农民工之间在个人特征、家庭特征和行为特征三个维度上变量的总体和内部差异。

本书受国家自然科学基金和博士点基金资助立项来研究农民工收入质量问题，并在农业经济问题等期刊上发表4篇CSSCI论文作为其理论基础。本书的部分研究成果得到中国博士后科学基金资助项目（2017M610035、2018T110035）、辽宁省社会科学规划基金项目（L18AGL003）、辽宁省教育科学“十三五”规划2017年课题项目（JG17DB543、JG17DB524）、中国刑事警察学院博士科研启动金、2019年度中央高校基本科研业务费博士科研启动金计划“进城务工人员犯罪经济模型及犯罪影响因素研究”的资助。

感谢中国冶金教育学会会长李福奇、中国警察协会学术委员会秘书长熊一新教授、北京航空航天大学经济管理学院赵秋红教授在本书的编写过程中给予的支持和帮助，使本书在内容和写法上更加完善。最后，还要感谢中国刑事警察学院公安情报学系为本书完成提供的各种帮助和支持。

由于作者水平所限，书中不妥之处，恳请读者批评指正。

作　者

2019年4月5日

# 目　　录

# 1 导　论

## 1.1 研究背景

“三农”问题是国家高度重视的问题。近8年来中央“一号文件”都与“三农”问题有关，这足以说明“三农”问题在我国和谐社会的构建过程中举足轻重。“三农”问题中，农民问题是重中之重，而其中的农民工问题在我国社会现实中引发了越来越多的社会现象。农村劳动力转移是国家工业化和城镇化必须经历的过程，也是人口迁移后矛盾产生的过程。改革开放以来，我国工业化和城市化的建设需要补充大量的劳动力，劳动力的缺口是由城乡分割的二元户籍制度造成的，因而大量具有农村户籍的农民进入城镇进行非农劳动，形成数量很大的农村户籍的劳动力称为“农民工”。国家统计局1998年的我国农村劳动力就业和转移就业状况调查报告显示，我国农村劳动力转移数量每年以11%左右的速度增长，到2000年时已经过亿，占整个农村劳动力人口的23.7%。尽管我国农民工主要从事依靠体力进行的劳动，但是相比以往的农业劳动带来的收入已大大增加。因此农村劳动力转移不仅优化了劳动力人口的配置，也增加了农民工的收入。

1992年到2010年间，农村居民家庭人均收入从820元上升为5830元，城镇居民家庭人均收入从1723元上升到14235元，可见城镇居民家庭人均收入上升的绝对数额要大于农村家庭人均收入。农民收入增长要滞后于城镇居民的收入增长，城乡间的收入差距还有进一步扩大的趋势。由于城镇的就业机会和收入都远远多于农村地区，因此，大量的农民从农村涌向城镇，近几十年来，农民进城务工已成为城镇中的普遍现象。国家统计局数据显示，2011年全国农民人年均纯收入达到6977元。2011年我国农民工总量2.53亿人，月均收入达到2049元。由此可见，农民现阶段的收入主要来源于非农收入，而非农收入主要由农民工外出务工获得。

但是，农民工务工收入近年来也出现很多问题，如拖欠工资、务工收入不能足额兑现、实际收入增长偏低等，这些问题导致城镇中很多不稳定因素增加。

首先是农民工收入增加不稳定。农民工在城镇中主要从事简单的体力劳动，具有高技术含量的工作不多，经济周期和产业调整会对农民工的收入增加产生影响。在经济状况好的时候，农民工的收入一般具有上涨的趋势并且很少出现工资拖欠的情况，相反在经济形势不好的时候，例如2008年的金融危机，造成大量的出口型企业订单减少，减少了大量的工作机会，这其中大量是农民工的就业机会。在产业结构调整的过程中，企业逐步向高技术含量和低污染的方向转型，大量依靠人力的工作将转化为依靠机器，这也会减少大量的用工机会，减少就业岗位，从而势必会降低农民工的收入增速。

其次收入结构没有达到最优化。农民收入主要由家庭经营收入、工资性收入和财产性收入构成。农民工外出打工后，家中耕地主要由老年人种植或是外包给联合种植的群体，这样家庭经营收入会降低。大量农村地区的土地不能进入市场进行流转，农民工只有土地的使用权并没有土地拥有权，在市场经济的社会中会减少很多农民工的现实收入。农民工的工资性收入又具有不稳定因素，会伴随经济状况发生波动并不具备保障作用。因此，农民工收入结构不够合理，不能形成稳定的增长。

最后是农民工收入增长质量不高。大多数农民工收入近些年来都有不同程度的增加，但是收入增长的同时购买能力却没有提高，农民工在医疗、身体健康保持方面的成本也不断增加。农民工整体素质不高、文化程度较低，一般从事建筑、餐饮、流水线加工等初级职业，这些职位对农民工的身体消耗较大，农民工在年龄较小的时候可以承受，但是随着工作年限的增加，身体出现不同程度的恶化，需要投入更多的成本才能保持原来的劳动能力。同时，每年的物价上涨也给农民工的生存带来挑战，城镇食品、住房价格的上涨大大高于农民工工资的年增长幅度，造成农民工实际购买能力下降或不变，打击了农民工从事工作的积极性，农民工处于较艰难的生存状态。因此，单纯研究农民工收入增长并不能充分说明其生存状态。

由此可见，农民工收入问题的研究不但要从数量方面进行，而且还要针对收入的质量性进行。农民工的收入问题不仅仅是农民工及其家庭的生存状况问题，有效提高农民工收入质量意味着源源不断的劳动力和城乡社会的稳定。因此，农民工的收入质量状态的研究有利于缩小城乡差距和实现共同富裕，同时也能够保持国民经济持续、快速、良好的增长和社会的和谐稳定。

## 1.2 研究目的和意义

### 1.2.1 研究目的

为实现国家三农发展目标，改进农民工收入增速的长效机制，必须把着眼点从农民工收入数量转移到农民工收入质量上来。高质量的农户收入具有稳定增长、结构合理、知识含量高、劳动成本低等特征，提升收入质量才能提高收入数量。

本书以农民工收入质量为研究目标，通过收入的充足性、稳定性、结构性、成本性和知识性五维度来理解收入质量的含义。在已有研究基础上，对收入的数量型增长理论进行补充，解决以数量型收入来评估农民工收入的不足之处，发展并创新农民工收入理论的研究。具体研究目的如下：

（1）理论上，对农民工收入质量概念进行基本界定，探讨收入数量与收入质量之间的关系，分析出农民收入质量和农民工收入质量的区别与联系，分析出农民工收入质量对农民工增加收入、教育水平、生活状况的影响。

（2）实践上，探求并构建农民工收入质量的评估指标和评价体系，根据实际调查数据找出影响农民工收入质量的主要原因，并验证之前构建的评价体系和评估指标的评价效果，得出较为客观的收入质量评估方法。

（3）微观上，实证分析农民工收入质量的评估因素、各要素选取的原因及其评价后的显著效果，找出影响农民工增加高质量收入的主要因素，为有效提升农民工收入提供现实依据。

（4）宏观上，在研究农民工收入质量的理论含义和评价机制的基础上，以纯农民和城镇居民收入两个角度的对比研究，探讨城乡之间收入差距的深层次原因与农民工增收的长效机制。

### 1.2.2 研究意义

#### 1.2.2.1 农民工收入质量评估研究的理论指导意义

关于农民工工资收入的研究已有很多角度，很多学者主要研究由特定几个因素对农民工收入的影响以及工资性收入的变动造成城乡工资收入的差异，也有从外生变量的角度研究农民工收入数量问题，而针对农民工收入质量的研究还很少。

本书在我国城乡二元经济结构的背景下，在经济增长由初级转向高级阶段，同时农村劳动力大量转移的状况下研究农民工收入质量，拓宽了农民工增收空间；研究农民工收入以及收入的稳定性和结构性之间的关系，为农民工工资差异研究提供理论基础；分析了农民工收入与获取成本之间的微妙关系，辨析收入“高”“低”和收入“好”“坏”之间的异同；提出农民工收入质量研究的方向，界定农民工收入质量的内涵，理清农民工收入数量与质量之间的关系，完善了农民工收入理论并提供了新的研究视角。

#### 1.2.2.2 农民工收入质量评估研究的实践意义

本书根据农民工收入质量评估模型和评估体系得出的结论，有针对性地解决农民工收入问题，缩小城乡之间的收入差距，根据农民工收入质量低下的缘由寻找解决方案。大力提高农民和农民工收入是我国一贯的政策。以往农民工收入问题主要集中在数量上的讨论和研究，并没有关注数量背后的质量问题，重点研究农民工收入质量的评价标准和体系，有利于相关部门和各级政府制定相应政策和出台相关文件，有针对性地指导农民工集中的单位解决农民工收入质量的稳定性、结构性、成本性和知识性，当然也包括数量性。界定农民工收入质量的内涵，可以更全面地得出农民工收入质量的性质含义，针对农民工群体进行宣传和教育，拓宽农民工收入质量提高的途径。

## 1.3 国内外研究动态

国内外学术界对从农村转移到城镇工作的此部分群体研究一直较为关注，利用不同的背景和方法对农村转移劳动力进行实质调查和理论研究，提出很多相关理论，形成众多理论成果。劳动力转移问题也是理论界长期以来的研究课题，相关研究结论也对农民工收入质量提供了很多基础性支持。根据研究需要，现将国内外学者在劳动力转移和收入等相关领域的具有代表性的研究成果进行简要介绍和评述。

### 1.3.1 国外研究动态

#### 1.3.1.1 关于工资、农民收入的研究

A 关于工资的研究

西方学术界关于工资影响因素的研究已久。人力资本理论是对传统马克思理论的挑战，人力资本理论强调人的自身投入可以产生回报。人力资本理论将影响工资因素的研究视角从宏观带到了微观，主要研究个人投资与劳动市场的结果。微观层面影响工资的主要因素有教育水平、培训、经验等（Mincer，1991）。人力资本理论认为企业专用性人力资本在工作转换后与原职得到相同的报酬，工人的通用性人力资本可能在工作转换后上升（Becker，1962；Parsons，1972）。工作匹配理论（Parson，1973；Jovanovic，1979）认为工人的工作是一种经验品，当工人发现生产效率低下时就会选择其他机会以提高收入，工作转换后收入将增加，但增加幅度随着工作经验的增加而下降。

Mattlia（1974）研究发现没有经历过失业的员工在工作转换之后可以获得较高的收入，经历过失业的员工工作转换后的收入提高不显著。Mincer（1986）研究发现年纪小的工作者比年纪大的工作者的工作转换带来的收入要高，年纪大的工作者愿意用较少的工资来换较少的工作时间。Zhao（1997）估算了转移劳动力的教育回报问题，迁移作用的农村教育回报为8%左右，转移劳动力的回报大概为8.3%。Meng和Zhang（2001）的研究表明工资差异主要由职业内的差异造成并测量了歧视在城市劳动力和农民工工资差异的作用。Topel和Ward（1992）研究了在整个职业生涯中，高中学历水平的男性员工退休收入是初入职场时的2倍，平均每人经历10次工作转换，大部分工作转换将带来收入增加，工作转换主要发生在职业生涯的前期。Keith和McWilliam（1999）细分工作转换的含

义，研究发现工资收入增加的因素主要有经济因素和个人因素，家庭因素对转换工作的收入没有显著影响。Grand 和 Tahlin（2002）利用 26～35 岁瑞典男子的数据分析工作转换和收入之间的关系，研究发现只有具有相当职业能力的人经过职业转换才能增加收入。Munasinghe 和 Sigman（2004）利用美国青年的数据进行分析，研究得出在有经验的员工中，经常性工作转换不能带来较高的收入增加。Gerber（2006）提出除了人力资本因素，企业结构域社会制度也会影响工资水平。员工所在地区市场规模、部门和公司性质也显著影响收入水平。

B 关于农民收入的研究

Johnson（1959）提出农民收入问题的实质是传统农业部门和第一产业部门拥有超过自身消化能力的劳动力数量因而不能提供给其相应报酬，只有放开市场经济才能使其实现自我调节。Veeck 和 Pannell（1989）针对我国江苏 4 个农业地区的 176 个调查样本数据分析，发现农民工户籍地不同，其收入来源也千差万别。较大城市的农民收入主要来自打工收入，中小城市的农民收入主要来自第一产业的土地经营收入。Meng（1995）对二十世纪八十年代后中国农民从事第二产业获取工资的影响因素进行分析，发现受教育最高水平是农民收入提高的重要砝码。Giles（2002）分析了信息技术对农民在城乡转移和农民工进城中的角色和作用，指出政府应着力废除农民城乡转移过程中的障碍和不合理制度，鼓励自由迁移和转移。Johnson（2002）鼓励中小型企业在小城镇落户，农民可以采取不离土不离乡的温和方式以降低大城市环境负荷与成本，进而提高实际农民收入水平。Kan（2006）认为耕地面积对格鲁吉亚农民收入提高有正向影响作用，农户的教育水平越高越有利于非农收入的提高，例如，大专以上学历对收入提高的作用尤其显著。Briggeman（2007）研究政府农业补贴与农民收入之间的关系，政府农业补贴提高会增加农场和农民收入，政府农业补贴降低则会导致农民非农收入减少甚至离开农场。

#### 1.3.1.2 关于移民和农民工的收入研究

A 关于移民收入的研究

Quibria（1997）研究发现移民对家乡的非移民具有效益，移民的大量汇款可以增加当地非移民的福利。移民不影响社会的阶层，受益者和损失者主要在于汇款数额、要素禀赋分布和移民类别的影响。Wang 和 Zuo（1999）指出中国农村人口转移到城市的制度障碍和机会，分析了户籍制度等相关政策对城市中农村人口的影响，同时指出人口转移也加快了城市的发展和经济增长。Liu（2000）在国有部门、公共部门和私有部门进行性别工资差异和歧视的调查，利用上海和济南的数据进行验证，得出人力资本在私有部门会带来更大的工资差异和不平等，市场化比性别歧视带来更大的工资差异。Fan（2001）根据广州市的数据研究得出永久移民的收入回报要高于临时移民的收入回报，主要原因在于永久移民能够在劳动力市场中找到更有利的职位。Zhu（2002）解释了收入差异对移民决策的影响及差异的根源，统计结果显示收入差异对移民决策有很大影响，当收入差异达到某一值时，男士针对收入差异的移民可能性要比女士差，女士和男士比，相对收入对于农村收入增长的敏感性较差，对于城市收入下降的敏感性较强。Fan（2002）指出居民状况能够解释中国的移民过程和劳动力市场分离，中国新的社会秩序正在形成，转型阶段内部迁移和劳动力市场发展具有内在联系。

Cox 和 Ureta（2003）利用 Cox 比例风险模型检验学校就读率的决策变量，发现汇款对留校率有很大影响，农村地区的汇款率对就读率和留校率有更大的影响。Zhang 和 Song（2003）评估了 1978 ~ 1999 年城市移民对城市化的作用，通过时间序列数据和截面数据找出人口转移的原因，研究得出人口转移是中国城市化人口增长的重要因素，省内人口转移的主要因素为工资差异，省内移民与城乡收入差异和城市人口数量正相关。Barth 等人（2004）指出错误说明移民和居民对宏观经济变化的不同反应，可能会导致同化效应对移民收入的估计偏差，Bath 利用挪威数据，发现来自非经济合作与发展组织的移民与当地居民比对失业有更强的敏感性。Chaudhuri（2004）指出熟练或非熟练劳动力移民能够降低城市非熟练劳动力的失业率，但也扩大了熟练劳动力和非熟练劳动力的工资差。在自由贸易欠发达国家，国际移民提高了该国家的工资差异。Bishop 等人（2005）利用标准收益等式和量化回归解释和分解收益差异，研究结果发现收益差距上升，但是人力资本变量中的非解释部分，教育水平、工作经验的影响作用逐渐减少。

Khan 和 Riskin（2005）提出减少农村的不平等在于减少省内和省之间的不平等，同时改进工资收入的分布和减少税收，中国的相关政策虽在一定程度上可以缓解城市人口的增长和城乡差距，但是这一指标仍然高于国际标准。Knight 和 Li（2005）指出企业利润与工资发放能够降低收入不平等的状况，企业利润共享和工资有效发放支持劳动力市场分割理论。Barth 等人（2006）利用人口调查数据说明劳动力市场条件的改变对移民和居民的影响，结果显示对于受教育程度较低的移民工资趋同现象显示为负，早期移民且具有较好教育水平的移民具有工资趋同。Yabuuchi 和 Chaudhuri（2007）指出国际劳动力移民对工资不平等的影响主要在低技术部门和高技术部门的相对资本密度，还有非熟练劳动力市场的制度，劳动力引出会造成国内的工资差异加大。

Dustmann 等人（2010）分析了德国和英国的移民和居民的雇佣及工资的循环模式，研究发现尽管两个国家的移民数量有很大差距，但是有一些基本的相似之处，面对经济动荡，低技术工人相对于高技术工人更容易失业，移民相对于居民更容易失去工作。Gao 和 Smith（2011）研究了我国城市中的转移劳动力说普通话的经济收益，发现说普通话的移民具有相当的经济收益，在性别方面，说普通话流利对于女性具有统计上的显著意义，而对于男性不显著。Li 和 Zhou（2013）建立两部类一般均衡模型并利用比较静态分析法研究非熟练工人的汇款率对家乡熟练和非熟练工资不平等的影响。研究得出非熟练移民提高汇款率能够降低家乡熟练和非熟练工资的不平等。Messinis（2013）利用匹配理论和Ⅳ方法评估有条件和无条件分位数回归对教育和移民收益的效应，研究得出教育收益非常显著，长期移民状况不成为优势。

B 关于农民工收入的研究

Knight 和 Song（1999）根据中国四个城市企业中农民工的调查数据，从农民工、城市工人和政府三个视角分析了农民工现存的问题，并与城市工人进行比较在生产率、职位获得和收入等方面进行了分析。Meng（2001）研究了非正式部门对农民工的影响，将调研数据分成两个组，工薪阶层和自我雇佣。与正式部门相比，非正式部门对转移人口的就业具有不同的吸引作用。工薪阶层可以提供临时的就业机会，自我雇佣能够提供持续的就业机会。在非正式部门就业的人群的收入要好于在正式部门。Roberts（2001）利用上海农民工数据验证了青年男性农民工居住环境较差、生活质量不高。年龄、婚姻状况、教育水平、户籍和社交网络等因素，对农民工收入水平有显著影响。Hare（2002）根据中国农村的调研数据分析了工作地点及其对转移人口工资的影响，研究显示农民工劳动力市场提供高平均工资水平，人力资本的投入可以增加农民工的收入和提高生活标准。Du 等人（2005）得出家庭禀赋和转移可能性之间的倒 U 形关系，利用家庭面板数据得到劳动力转移可以增加家庭收入，但是不会缓解贫困户的贫困，因为贫困人口没有转移。转移劳动力根据家庭成员的需要会把部分工资邮寄回家庭。

Nielsen 等人（2005）以江苏省的数据了解了农民工的社会保险状况及其取得社会保险的原因，研究得出农民工在社会保险方面受到不公正待遇，在城中的农民工很少能像城里工人那样得到社会保险。Zhao（2005）研究了中国农村转移的劳动力问题，讨论了户籍制度问题、转移人口的现状、城乡转移人口的解释和转移人口与劳动力市场进化的联系。Lu 和 Song（2006）基于天津市的数据研究了农民工的特性并将其雇佣状况和社会状况与城市居民进行比较，对农民工和城镇居民的经济和社会人口因素的决策变量对收入差距的影响程度进行分析。Jiang（2006）指出转移人口在城市中的居住条件不必然比城市居民差，流动人口的居住条件甚至优于居民。Wong 等人（2007）分析了城市农民工边缘化生活经历的影响因素和特点，户籍制度、分散过程、收入不高是农民工边缘化的主要影响因素。

Chan 和 Buckingham（2008）指出中国户籍改革的呼声越来越高，并且已经存在一些具体的措施来加快户籍改革，但是各地政府的限制使得具体措施很难实现，户籍制度是中国城乡居民差异的主要原因，只有解决户籍制度问题才可能充分解决农民工的一系列问题。Zhu（2008）研究发现农村地区人力资本外部性效应对农民工的影响逐渐消失，富裕国家的农村居民很少迁移到大城市。扩大农村地区的教育机会能够减少农民工的迁移，同时能减缓城市的失业率的压力。Chi和Li（2008）发现性别歧视对劳动力市场的性别收入差异的影响要大于性别禀赋，他们研究得出黏性地板效应对低收入人群的女性工人联系较为紧密。Chan（2009）研究现代中国社会发展的趋势，指出户籍制度是城市化、工业化、社会与空间战略的主要障碍，这种障碍的存在会导致社会发展变缓，是造成农民工收入困境和不平等地位的源泉。Wang等人（2008）以深圳实例说明中国的农民工比城市正式居民贫困，居住条件较拥挤，一般居住在狭小的城中村中。他们分析了城中村形成的原因，同时得出大量的农民工居住场所为私有所用。Deng和Li（2009）利用最新回归分解方法分析中国城市的收入不平等，研究显示性别和党派对于收入不平等没有显著影响，教育、职业和行业对收入不平等的影响较大，区域因素对收入不平等影响最大。Demurger等人（2009）利用微观仿真研究了农民工与城市工作者工资差异的原因，用部门效应、工资效应、工作时间效应和人口效应四种效应来解释工资差异，结果显示部门效应对工资差异没有显著影响，人口效应的影响要大于工资效应或工作时间效应的影响。

Guo和Cheng（2010）利用数量分析法分析了城市居民、城市移民和农民工三个组的收入贫穷和不平等，发现城市贫穷和不平等是很严重的问题，城市中的贫困阶级主要由农民工构成。Demurger和Xu（2011）经研究认为返乡移民比非移民更倾向于自我雇佣的工作，资金的积攒和工作的频繁变化使得返乡移民具有自我创业的想法，同时返乡移民能够提高当地经济状况，缩小与发达地区的贫困差距。Li和Qian（2011）指出中国工业化对高技术工人的需要过多，导致劳动力市场的技术工人出现结构短缺，他们还讨论了城市和农村人力资本和劳动力转移的差异，城乡人力资本差异的变化对工业产出、利润和社会福利的影响，认为减少人力资本差异不能解决技术工人的结构短缺，但是能够改进社会福利。Cui等人（2012）研究了国有企业和非国有企业的农民工雇佣机会的决策变量，结果显示雇佣机会与未观察的因素呈正向关系，工资和保险与雇佣机会和企业性质呈正向关系。Lee（2012）利用中国城市劳动力调查数据分析了农民工收入与城市工人收入的差距，构建了更详尽的测量方法，包括非劳动收入等因素，研究结果显示农民工收入具有很大的工资歧视，但是这种歧视在不同城市差别较大。Magnani和Zhu（2012）研究了中国农民工的性别差别对工资差异的影响，平均而言男性农民工比女性农民工时薪高出30.2%，研究还发现歧视效应比禀赋效应对工资差别的贡献要大，性别工资歧视在低收入农民工中表现最显著。Cheng和Wang（2013）研究了邻居效应对转移劳动力工资的影响，居住质量、社会关系和信任、邻居结构和参与度被检验，8个邻居特性中的5个对工资有统计意义上的显著。Cheng 等人（2013）通过四个省份的原始数据，比较了农民工、城市移民和城市居民的雇佣状况和工资歧视的情况，结果显示在城市地区农民工受到雇佣和工资双重歧视，而城市移民主要受到雇佣歧视。

### 1.3.2 国内研究动态

国内学术界对农民、农民工收入、农民工收入影响因素等问题进行了大量的理论探索和实证研究，国家相关部门也一直关注农民工的生存状况，制定了相关政策和措施来保障农民工的收入和生活条件。农民工相关问题是三农问题的重要组成部分，与我国城镇化进程、城乡收入差距、社会稳定紧密相关。

#### 1.3.2.1 关于农民和农民工工资、收入的研究

A 关于农民工资性收入、农民收入的研究

关于农民工资性收入的研究有：李振国和席建国（2007）在 VAR 模型的基础上，分析了我国现阶段农民工资性收入与第二、三产业生产总值之和的关系，总结了相互变动对自身和对方影响程度的传导机制，得出要协调发展以上关系的结论。樊琦和韩民春（2009）利用 20 个省份面板数据进行完全修正最小二乘估计法计算，从农村劳动力流动成本、农民工资性收入的角度研究农民收入差距问题，研究发现农村劳动力流动成本对农民收入影响显著，工资性收入增长对经济欠发达地区的农民收入影响显著。张占贞和王兆春（2010）对我国农民工资性收入影响因素理论进行综述，选择影响农民工资性收入的主要相关要素，利用主成分回归法对各影响要素进行实证分析，研究得出农民文化程度、城镇化率、农村剩余劳动力转移、农民人均交通通信支出比重、农村人均固定资产投资额和财政支出与农民工资性收入呈正相关。杨云善（2011）指出工资性收入提高是农民增收的主要力量，工资性收入的变动与经济规律相一致，处于较快的增长区间。徐增海（2011）利用 30 个省市的面板数据进行实证分析，考察相关要素对农民工资性收入的影响，研究得出地区经济越发达、工业化程度越高、城乡收入差距越大，当代农民工资性收入越高，增加农民就业机会和提高农民就业能力是增加其工资性收入的主要办法。

关于农民收入的研究有：温涛等人（2005）利用实际数据对我国金融发展、农村金融和农民收入增长关系进行分析，研究显示金融发展对农民收入增长具有负效应，用金融发展与经济增长的正向关系不能直接代替金融发展与农民收入增长的关系。姜长云（2008）分析了农民收入来源结构的趋势变化，提出农民农业相关收入的稳定增长难度加大，波动风险增加农民非农收入，建议进一步保障和改善农民收入，对农民增收问题给予关注。许庆等人（2008）从土地细碎化的现象讨论农地制度对农民收入及收入不平等的影响，采用基于回归方程的夏普里值

分解法研究收入不平等问题，研究得出土地细碎化与农民总收入呈正相关关系，同时有利于农民收入不平等的缩小。王德祥和李建军（2009）分析遵义市12个县的数据，认为新农村建设及相关制度改革和财政支农支出对农民增收有促进作用，基础教育支出和行政管理支出对农民增收不明显，县级财政的自给率的提高对农民收入有正效应。王引和尹志超（2009）利用我国健康与营养调查数据，对营养摄入和农民收入的关系进行分析，运用固定效应模型和动态面板数据模型对二者进行实证研究，认为蛋白质摄入对农民收入具有显著正向影响，碳水化合物和脂肪摄入对农民收入没有显著影响。贾立和王红明（2010）对西部地区农村金融发展与农民收入进行实证分析，发现西部农村金融发展规模、结构及农村投资水平与农民收入呈正向关系，农村金融发展效率对农民收入增加有显著负效应。方松海等人（2011）建议实施教育、金融和基础设施三大差别化支持方案，提升中西部落后地区、中低收入群体收入能力和消费能力，推动农民收入倍增计划，有利于发展农业产业链模式和促进农村居民生活现代化。

刘璨等人（2011）分析林业重点工程对农民收入流动和收入长期不稳定的影响，采用计量经济学方法计量每个林业重点工程对农民收入流动的影响，研究结果为样本农户的收入流动总体很低，六项林业重点工程对样本农民收入流动表现不同影响。郭燕枝和刘旭（2011）研究得出农村非农产业劳动力、农业用电量、农村集体单位固定资产投资、有效灌溉面积与农民收入密切相关，其中农业用电量是影响农民收入的第一关系变量，农业从业人员是影响农民收入的抑制变量。史清华等人（2011）研究得出失地农民收入增加的三个原因为多元就业途径、多元财政收入和多重社会保障。王春超（2011）研究得出土地和劳动力资源配置市场化参与程度增加，采取相应激励政策提高农户对土地资源和劳动力资源利用程度可以提高农民收入。陈恭军等人（2012）研究农业贸易开放对农村居民收入的影响存在地区差异，外向型农业发达地区和沿海外向型经济发达地区农村居民纯收入增长速度快于内陆封闭地区。胡愈等人（2012）研究得出工资性收入和家庭经营收入是湘南农民收入的主要来源，财产性收入和转移性收入是湘南示范区农民收入的主要来源。杨小玲等人（2013）研究了农村金融深化会提高农民人均收入水平，直接融资和间接融资影响农村收入分配。刘玉春和修长柏（2013）研究得出我国农村金融发展和农业科技进步特别是农业科技进步显著促进农民收入增长。汪海洋等人（2014）建议政府加强对中国财政农业支出中支农支出部分的资金监管力度，完善相关机制，进而提升资金利用效率，增加农民收入。

B 关于农民工工资的研究

王美艳（2003）研究认为消除对农村迁移劳动力的歧视，培育完善的劳动力市场能够促进城市化过程和经济发展，政府要在这个过程中起到主要作用。谢嗣胜和姚先国（2006）分析了城市工和农民工的工资歧视问题，研究得出工资差异的原因44.8%为个人特征，55.2%为歧视性因素，其中歧视性因素为对农民工的直接歧视和对城市工的制度性保护。严善平（2007）利用上海市外来劳动力及本地居民就业调查数据，计量分析了外来劳动力和本地居民所构成的劳动力市场结构，阐明大城市二元劳动力市场的特点，研究指出劳动力市场的制度分割尤其是农民工就业和工资歧视是农民工现象的主要原因。邓曲恒（2007）对城镇居民和流动人口工资收入差异进行分解，Oaxaca-Blinder分解显示城镇居民和农民工收入差异60%来源于歧视。Quantile进一步分解指出在中低收入人群中，歧视是主要的收入差异原因。王德文等人（2008）利用简单的Mincer工资方程得出结论，认为对工资收入者比自我经营者的教育回报率高出2%左右，矫正样本偏差后，扩展Mincer工资方程对工资收入者的教育回报率在5.3%～6.8%之间。简单培训、短期培训和正规培训对农民工再流动有显著作用。

彭红碧和李国政（2011）指出农民工工资市场决定存在失灵的原因是农民工劳动力供求的变动对工资影响微弱，劳动力短缺和工资水平偏低并存根源在于户籍制度壁垒、城乡发展不均衡和信息传导机制缺失。郭凤鸣（2011）提出将基于自然实验的工资差异的分解方法用于分析个体特性差异、入市前的教育歧视和市场后户籍歧视对城镇工和农民工之间差异的影响，结果显示个体特性差异是工资差异的主要原因，其他两个变量的影响不大。孙中伟和舒玢玢（2011）利用珠三角农民工截面数据研究得出最低工资标准对农民工工资增长有显著作用，但是也有企业支付偏低的最低工资和抑制集体谈判制度的形成等负面影响，只有建立社会保障制度和加快农民工工资增长的长效机制才能确保农民工工资增长。刘士杰（2011）使用分位数回归和OLS回归两种方法对农民工工资的影响因素进行计量分析，发现一般人力资本和特殊人力资本都对工资水平有正向影响。钱文荣和卢海阳（2012）探讨了农民工人力资本与工资关系的性别差异和户籍地差异，研究表明农民工人力资本对工资水平有显著影响，只有在较高的受教育水平上农民工才会有教育收益率的性别差异，但收益率没有表现出显著的户籍地差异，农民工工作时间与工资水平的关系具有显著的性别差异。叶静怡等人（2012）在身份定位模型下研究社会网络层次对农民工工资水平的影响，认为高层次社会网络关系能够影响农民工的行为模式和生产率水平，从而提高工资水平。卢锋（2012）对我国过去30年农民工工资走势做了研究，认为其名义工资以年均近10%的速度增长，经用消费者价格指数调整的实际工资经历了三个阶段的演变，农民工与正式职工工资的比率呈先高后低的走势。贺霞旭（2013）分析了农民工工资变化的宏观因素，发现中低层管理人员与大企业工资的优势减弱，城市居民消费水平增加与农民工受教育水平减缓对农民工收入产生正向显著影响。罗正月（2013）指出农民工工资的现状是基数低、工资水平不高，建议要从国民收入两次分配格局入手，改革收入分配制度，收入分配向劳动者倾斜，保证劳动收入的最大化。

#### 1.3.2.2 关于农民和农民工收入分配的研究

张平全（1987）利用新疆维吾尔自治区的农村抽样调查数据，从不同角度介绍农民收入差异的计算方法，根据计算结果提出解决对策。李成贵和赵帮宏（1993）分解了总量基尼系数，测算不同收入构成因子自身的基尼系数，区分不同产业的发展对农民工收入分配影响的方式和程度。王旭明（1996）指出农民收入分配同增收问题一样是发展农村经济、引导农民脱贫的主要内容，他分析了宁夏农民收入分配的差异并提出了改进建议。王旭明（1998）根据宁夏地区的调研数据，区分了贫困地区和非贫困地区农民收入差异的原因和发展趋势，结合自身经验提出对策。孙江明和钟甫宁（2000）指出农民消费不但受到农村人口、农民收入水平和消费观念变化的限制，还受到农村收入分配的影响。张晓山和崔红志（2001）指出要从国民经济宏观层次上调整国民收入格局，在财税和金融体制方面采取必要措施，加大对农业和农村经济的支持力度，改变二元城乡经济结构，实现全国资源优化配置。白菊红（2003）利用洛伦兹曲线和基尼系数测量收入分配的不平等程度，根据模型对农民人均纯收入分配的发展和现状做出分析，结果显示我国区域间农民人均纯收入分配不平等趋势加大，收入分配较为平均。

赵涛（2004）根据云南省农业政策、农民收入分配状况，在若干地区实地考察的基础上，认为构建云南农业政策对农民收入分配影响的可计算一般均衡模型的政策依据有重要意义。朱秋莲和高志仁（2008）指出农民工进城务工为城市化和城镇经济做出重要贡献，但是现有制度的不合理造成农民工在收入分配中受到不公平的待遇。韩菡和钟甫宁（2011）利用 Tobit 模型分析农户转入土地面积的影响因素，利用收入分配基尼系数比较了不同地区土地流转对农民收入分配的影响，结果显示非农就业机会和家庭财富水平对农户转入土地面积分别具有显著的反向和正向影响。胡宗义等人（2012）构建收入增长模型和收入分配模型来研究农村非正规金融发展的规模、效率对农村内部收入差异的影响，结果显示农村非正规金融规模扩大和效率的提高有利于促进农民收入增长，但是农村非正规金融的发展受到了限制，不能有效缓解农村收入分配的不平等程度。

#### 1.3.2.3 关于农民工收入的研究

##### A 关于农民工收入影响因素的研究

卢志刚（2006）利用多元统计分析方法对农民工收入的微观影响因素进行分析，结果显示农民工的户口、年龄、在岗时间、经验、文化水平、合同状况等有显著意义，在农民工内部没有发现性别的收入差异。严于龙和李小云（2006）研究指出最低工资、就业时间、培训、性别对农民工收入影响显著，文化程度、是否签订劳动合同、是否参加保险对农民工收入影响不显著，收入会随着年龄增加而增长，但是到达一定年龄后减少。高嵩等人（2006）运用经济学方法对农民工收入的影响因素如户籍制度、教育水平和工作年限等进行分析，并在此基础上提出一些可行的建议。陈珍珍和游家兴（2009）利用回归模型对抽样调查数据进行处理，对影响收入的各分位数进行分析，得出农民工收入及其影响因素之间的回归关系。韩靓和原新（2009）采用多元回归分析法研究农民工收入的影响因素，结果显示性别、年龄、工作性质、工作时间等因素对农民工收入影响较大，教育水平、进城时间等因素对农民工收入影响较小。黄乾（2010）研究了行业内和行业间工作转换对农民工收入的影响，结果显示行业内工作转换对低收入农民工收入增加具有正向影响，对高收入农民工具有负向影响。刘万霞（2011）利用国务院发展研究中心对全国农民工抽样调查数据研究我国农民工教育收益率，根据明瑟收益函数估算得出我国农民工教育收益率较低，中等职业教育程度的农民工收益率最高且文化程度与收入存在倒U形关系，技能培训对农民工收入提高有正向作用。

张学志和才国伟（2012）利用珠三角地区的调查数据，从社会资本角度对农民工收入进行实证分析，结果显示职业关系网对农民工收入有显著影响。马金平和周勇（2013）通过农民工调查问卷的统计与结构方程模型分析，研究企业培训对农民工收入的影响，结果显示企业培训经历对农民工心理资本有正向效应且影响较大，心理资本在企业培训和农民工收入之间具有中介作用。王春超、周先波（2013）采用有序响应模型从4个维度考察农民工收入的决定因素，包括家庭特征、人力资本、社会资本和外部制度，结果显示跨越型和整合型社会资本对农民工收入影响具有正向性，两者对农民工收入的提高效应相近。陈媛媛（2013）研究了职业流动对新老两代农民工收入的影响，结果显示职业流动对老一代农民工收入产生显著影响，对新一代农民工的影响不显著。

B 行业、区域背景下的农民工收入研究

关于行业内的农民工收入研究：石振和林锟（2005）以建筑行业农民工数据为基础，确定影响农民工收入的因素模型，通过实证分析得出结论并提出增加农民工收入的建议。周井娟（2008）根据浙江省城市农民工的调查数据，利用EViews软件对不同行业农民工收入的影响因素进行分析，结果显示在总体回归模型中，性别、文化程度、婚姻、技能培训、合同和身体健康程度对农民工收入有显著影响，但是不同行业的影响程度不同。宗成峰和李茜（2008）对北京市建筑行业农民工进行调研分析后认为，该行业的农民工收入主要受年龄、教育程度和技能掌握情况的影响。王飞（2010）以昆明市建筑行业农民工为研究对象，建立农民工收入的分析模型，认为加大农民工技能培训、完善用工合同可以提高农民工收入。陈瑶等人（2013）从层级形成、层级标示、层级固化三个方面研究中小制造业企业内部劳动力市场、层级与工资之间的关系，结果显示工资对层级有依附关系，层级是企业配置资源的依据，层级与农民工的稳定意愿具有正向关系。

关于区域的农民工收入研究：张杨衍（2007）根据南京市的调研数据，采用扩展的明塞模型对影响农民工收入的人力资本要素进行实证分析，认为受教育程度、培训情况和当前工作的持续时间对收入有明显作用。张古鹏等人（2007）利用青岛市农民工的调查数据，根据明瑟模型回归对城市农民工人力资本收益率及收益差异进行分析，认为农村和城市教育投资的差异是导致二者教育收益率差别的原因。王非（2008）根据北京地区的农民工调查问卷，将影响农民工收入的因素分为自身能力因素和家庭及社会因素，利用回归分析得出性别、工作经验对收入影响较大，社会网络、家庭人均土地、赡养负担等家庭社会状况对收入影响不明显。张世伟等人（2009）根据吉林省农民工调查数据，利用分位数回归方法和 Heckman 两步样本选择偏差法对人力资本和农民工收入之间关系进行研究，研究显示在25%分位数回归中的教育回报率最大，中位数回归中的教育回报率最小。

龚斌磊等人（2010）利用浙江省杭州市 8 个区的调研数据对农民工收入进行了实证分析，结果显示农民工收入差异较大，婚后男性农民工的收入高于女性农民工收入，杭州户籍农民工收入高于外来户籍农民工收入，企业性质不影响农民工收入。叶静怡和周晔馨（2010）利用北京市农民工调查数据，研究了社会资本转换对农民工收入的影响，结果显示农民工原始社会资本大小对其增加城市收入没有显著影响，新型社会资本对收入有正的影响。孟颖颖、邓大松（2011）根据武汉市的农民工调研数据，分析了该地区农民工收入与城市融合之间的关系，结果显示收入水平在融合初期与中期对融合程度有正向作用，融合后期收入的增长不能带来融合程度的提升。徐建役等人（2012）根据浙江省微观层面农民工调查数据，利用联立方程计量方法实证研究了心理资本对农民工工资收入的影响，结果显示心理资本对农民工工资收入具有正向性，反之，农民工工资收入水平也会影响心理资本。李睿、田明（2013）基于东部六城市农民工调查问卷，利用分位数回归方法对农民工的工作稳定性与收入变化的关系进行实证分析，认为在控制其他重要变量后工作稳定性对收入变化具有正向作用，但会发生二次增长过程，因此适当更换工作有助于其提高收入。提高劳动力市场信息透明度、加强市场监管、改善工作环境、鼓励农民工创业可以提高工作稳定性，有利于提高收入水平。张娜等人（2013）将天津市的新生农民工调研数据与老一代农民工进行比较，分析年龄、受教育程度、培训状况等因素对两代农民工收入的影响，结果显示各因素对新老农民工有不同的影响，其中岗前培训是影响收入的重要因素。

#### 1.3.2.4 关于收益、收入质量的研究

关于财政和收益质量的研究：张晋武（1982）指出国民经济中发生较大财政

赤字和严重的比例失调的直接原因都是没有处理好财政收入，处理好财政收入数量和质量之间的关系有利于国家经济稳定。茹莹和符蓉（2003）先从经济学和会计学辨析的视角说明收益的内涵及在理论与实践中的变差，然后从收益质量内部，在经济收益大小、会计收益与真实收益差异和人为因素导致的收益质量三个层面分析收益质量的含义。余新培（2003）定义了资产质量、收益质量，并在此基础上对其信息内容、分析方法和在报表分析中的主要作用进行说明。周斌和段雯（2003）指出影响收益质量的因素主要有公司治理结构、会计政策的选择余地、营业杠杆系数和财务杠杆系数等，从以上方面分析公司可以得到很好的效果。姚大金等人（2004）提出财政收入质量是市场经济的本质，只有保证有质量的财政收入才能确保经济活跃。黄中生和褚友祥（2004）指出传统的盈利能力分析仅仅注重收益的数量分析，忽略了收益质量分析，他们在分析了会计收益的质量属性及影响收益质量的因素后，提出了收益质量的评价指标。刘洪渭（2011）在我国现有上市公司收益质量评价体系上，利用结构方程建模对我国 A 股上市公司样本数据进行分析，发现收益质量与经济环境密切相关。刘洪渭进一步对初始模型进行指标筛选和修正，给出了符合我国现状的上市公司收益质量综合评价体系。

关于收入质量的研究：林富民（2005）首次提出农民增收质量概念，即主要指增长稳定、结构合理、知识含量高、劳动成本低的高质量农民收入。惠树鹏和蔺全录（2009）界定了农民增收的含义，并在此基础上构建农民增收评价指标体系，研究表明农民增收质量在样本区间呈低水平波动且线性趋势缓慢提高，农民增收数量和质量在统计意义上互为因果。孔荣和王欣（2013）分析了农民工收入数量飙升与质量滞后的不对称性，从充足性、稳定性、成本性、结构性和知识性 5 个角度考察农民工收入质量的内涵和相关性。王欣和孔荣（2013）根据 10 省份的农民工调查数据，利用 Logit 模型对农民工收入质量的因素进行分析，结果表明年龄较大、中高技术水平、家庭人口较少、收入数量较充足、工作环境轻松、收入获取成本小、从事工作对健康损害小、日加班较短的农民工收入质量自我评价较满意。王欣和孔荣（2014）将农民工收入质量的自我评价与纯农民、城镇居民进行比较，构建农民工收入效用理论模型，利用调研数据对农民工概念意识里三个群体的收入质量与幸福感的差异进行分析，结果显示在收入公平感上，农民工群体相对失衡，劳动付出大于收入所得；纯农民、农民工和城镇居民的工作环境、收入数量、收入质量和幸福感分别呈依次递增状态。

通过以上文献的梳理和分析研究可以看出，国内外学者对中国农民、农民工的收入问题给予了广泛的关注和细致的研究。但是，绝大多数学者研究农民和农民工的收入问题主要侧重从外生变量角度来切入，忽视了农民工纯数量状况，忽视了农民工收入质量问题的特殊性，对于农民工收入“高”“低”与“好”“坏”

之间的关系鲜有论述。本书创新之处在于：

（1）区分“收入质量”与“增收质量”的不同，从农民工收入质量视角展开对农民工收入问题的深思。

（2）“农民”与“农民工”群体收入存在差异。从农民工自评角度将农民工与农民、城镇居民的收入质量进行横向比较和实证分析。

（3）深度探讨农民工自我认知体系内关于幸福感、收入质量、收入数量之间的异同和微妙关系。

## 1.4　研究内容

本书主要内容包括界定农民工收入质量概念，从收入的充足性（收入总量是否满足家庭需要，亦即收入数量水平）、结构性（收入获取是否具有多种渠道）、稳定性（收入是否具有相对稳定的来源）、成本性（获取收入发生的各种成本费用以及机会成本）和知识性（获致收入的知识含量与技能经验要求）的5个维度考量农民工收入质量，然后基于以上研究提出农民工收入质量评价指标体系的构建并进行实证评估研究，根据研究结论提出改进农民工收入质量的政策建议，以期实现农民工长效增收机制，图1-1为逻辑框架图。

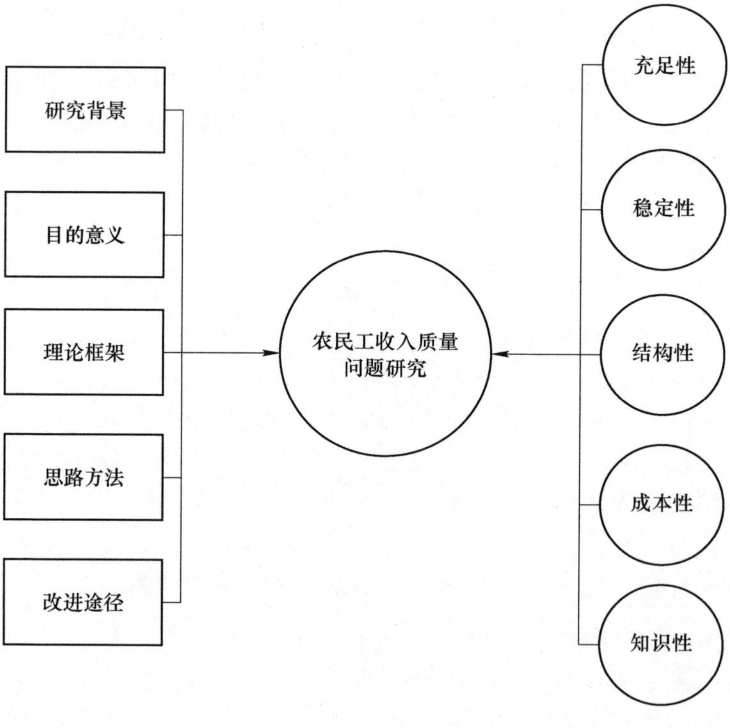


图1-1　逻辑框架图

# 1.5 研究思路与方法

## 1.5.1 研究思路

本书结合工资理论、收入理论、农民工收入和劳动力收入等相关理论，综述关于农民收入、农民工收入、农民和农民工收入分配和收入质量等方面的研究成果，在界定农民工收入质量概念的基础上，提出并系统阐述农民工收入质量的内涵和外延，从收入质量的充足性、结构性、稳定性、成本性和知识性5个维度探究农民工收入质量状况，根据农民工收入质量的影响因素分析，用计量经济学方法得出各因素对农民工收入质量的影响关系，构建农民工收入质量的评价体系，根据相关结论提出改进农民工收入质量的途径和政策。技术路线如图1-2所示。

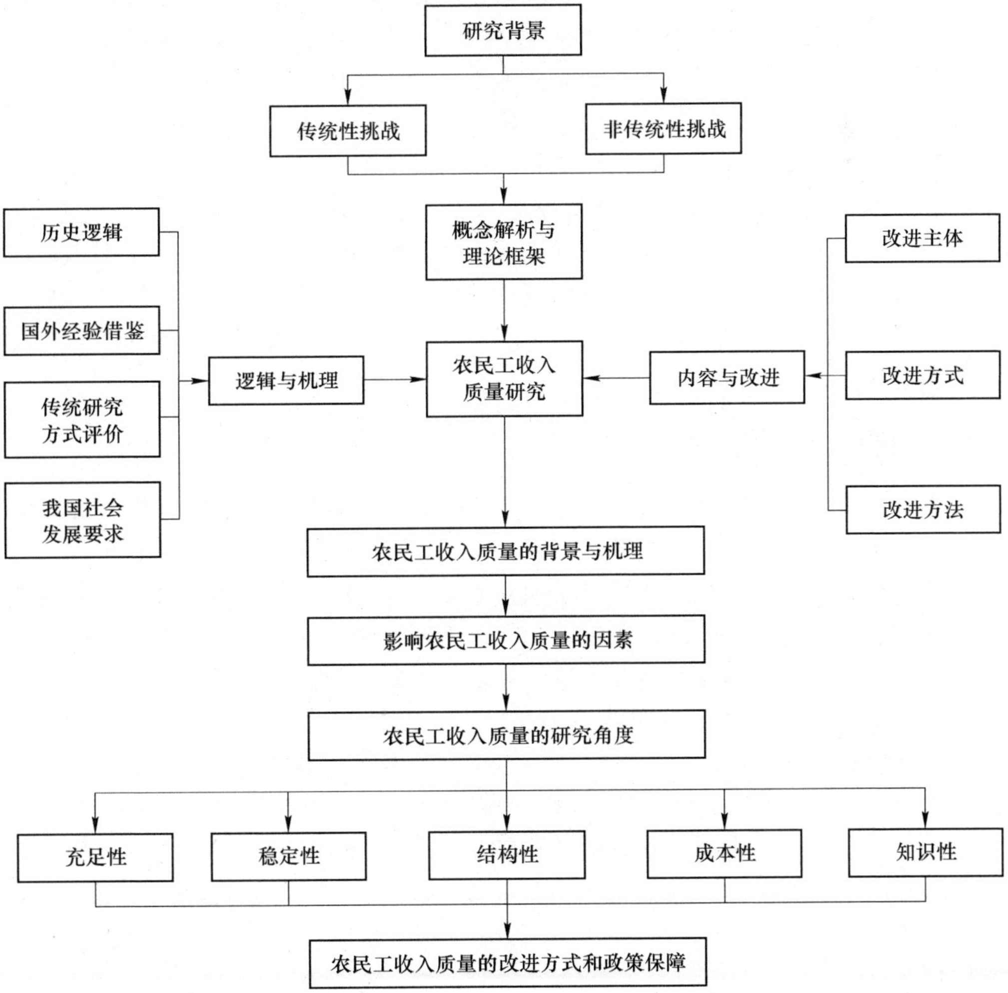


图1-2 技术路线图

### 1.5.2 主要研究方法

通过国内外研究现状动态述评，结合相关理论对农民、农民工、收入质量等相关概念进行规范分析，通过设计调查问卷采用实证方法获取农民工收入质量数据并对数据进行整理和深度挖掘。计量方法主要采用 Logit 逻辑回归方法分别在比较对象是农民和城镇居民的前提下针对农民工收入质量的五维度及其总体质量进行评估并进行统计检验。

（1）要素分析法。研究农民和农民工相关收入的制约因素和改进措施，即农民和农民工收入的相关性及农民工收入质量的构成要素分析。考察工资、收入、收入差异和收入质量的内涵及相互联系，探讨收入质量对农民工生活状况的影响，分析农民工改善收入质量的途径，得出相关解决方法。

（2）计量分析法。对实地获取数据进行统计性描述，获取调查样本的特点和相关变化趋势。对农民工收入质量、纯农民收入质量和城市居民收入质量进行逻辑回归分析，了解农民工收入质量的构成要素的主要程度及其影响因素，并与纯农民和城市居民的收入质量的相关状况进行对比分析。

（3）比较分析法。在调研数据基础上，综合运用横纵向对比的分析方法，对农民工收入质量的内容和相关情况进行比较研究，得出相关结果。本书纵向分析了 2009 ~ 2011 年农民工年家庭总收入的状况和相关问题，横向比较了纯农民、农民工和城市居民的收入质量情况和特点，为我国农民工收入质量问题的研究提供重要的理论依据。

## 1.6 创新之处

本书提出农民工收入质量概念，建立农民工收入质量评估指标体系，并以此为研究立足点，突破了以往学者在探究农民工收入的关键因素时强调农户收入数量水平、注重个别解释而忽略数量与质量二者之间内在关联的局限性和片面性。本书将问卷调查法和实证分析法相结合，探寻破解农民工收入体系中症结问题的思路和对策，以期唤起其他学者关注研究方法的创新。

（1）农民工收入质量的内涵界定及其理论分析。借鉴人力资本理论和经济增长理论从收入的充足性、稳定性、结构性、成本性、知识性 5 个维度测评农民工收入质量，并对农民工收入质量概念的内涵进行界定。

（2）农民工收入质量评价指标体系的构建。在内容（1）基础上，从 5 个维度构建农民工收入质量评价指标体系，对每个维度设计 2 ~ 4 个瞄准性命题进行反映，无法用具体数值反映的指标或采用 0、1 变量度量，或采用 Likert 五级量表进行测度。

（3）农民工收入质量比较研究。选择陕西、甘肃、山东、山西、湖南、广西、湖北、河南、四川、辽宁10个省份作为样本来源地，然后每省份在分别选择2~3个地级城市进行随机抽样调查，从5个维度及总体角度评估农民工收入质量，利用Logit方法分别在比较对象是纯农民和城镇居民的前提下对样本数据进行处理分析并具体得出农民工收入质量各维度及总体质量的影响因素。从农民工自我评估的主观角度得出结论：当参照物为农民时，农民工对自身收入充足性、稳定性、结构性和知识性感到满意，对自身收入成本性感到不满意。总体而言，与农民相比，农民工对其收入质量感到满意；当参照物为城镇居民时，农民工对自身收入充足性、稳定性、结构性、成本性和知识性均感到不满意，总体而言，与城镇居民相比，农民工对其收入质量感到不满意。

# 2 研究基础与理论框架

## 2.1 农民工收入质量与数量的辩证关系

农民工收入既有量的规定特性又有质的特性，农民工收入数量的多少与收入质量密切相关，收入质量决定收入数量的高低。收入质量增长方式转变要求提高其要素增长率。收入增长方式主要取决于劳动力、资本、土地要素投入的增加和要素利用效率的改进。前者称之为粗放型即数量型的收入增长方式，后者可理解为集约型即质量型增长方式。规模经济和知识应用等技术进步因素是实现高收入质量的重要指标。随着农业经济发展，技术进步因素将越来越成为影响收入质量集约型增长方式的主要因素。

近年来，我国农民工虽然在收入的绝对数量上逐渐升高，但是在相对收入质量方面仍然较低。收入质量高主要表现在结构合理、数量充足、增长稳定、知识含量高、低成本获取。收入的充足性主要表现为是否满足家庭的支出需求、稳定性主要表现为收入变动幅度是否合适、结构性主要表现为是否有多种渠道的收入来源、知识性主要表现为是否有较高的知识含量和技能经验、成本性主要表现为获取收入的机会成本和费用。

## 2.2 农民工收入质量的概念界定

农民工收入质量指的是农民工收入的好坏或优劣程度。收入质量体现为收入的可靠性和相关性，说明农民工名义收入与其实际收入的接近程度，以及农民工名义收入与其实际收入的相关程度。在收入质量改进这个概念中，农民工收入质量主要表现为充足性、稳定性、结构性、成本性和知识性五个方面的属性，由此五维度可以构建农民工收入质量评价指标体系。

（1）收入充足性指标：包括家庭总收入（*INC*）、打工月收入（*WAG*）。本书以样本对象这两项收入作为测评农民工收入充足性或者数量的三级指标。收入数量充足是满足高质量农民工收入的必要前提。

（2）收入稳定性指标：包括年工资变动幅度（*CHA*）、工作单位更换次数（*COM*）、工资能否按时领取（*TIM*）、工资能否足额领取（*QUA*）。农民工收入剧烈波动会导致其收入增长风险急剧增加，变动波及范围和收入增长比率具有反向影响关系。年工资增长幅度较大、工作单位更换次数较少、工资能够按时足额领取的农民工收入来源相对稳定并且收入质量较高。

(3) 收入结构性指标：包括打工收入占总收入比例（*PER*）、农业是否是主要收入来源（*AGR*）、财产性转移性收入（*PRO*）、奖金或提成占工资收入比例（*BON*）。农民工收入主要由家庭经营收入、工资性收入、财产性收入和转移性收入四部分构成。这四部分直接的比例结构组合对农民工收入质量具有重要影响。目前工资性收入占农民工收入的比例较大。奖金或提成占工资的比例也可以反映出农民工工资性收入的结构情况。收入结构与收入质量之间关系密切体现在三方面：

1）协调的收入结构说明农民工就业状况较好、就业能力较佳；

2）协调的收入结构促进农民工增收效益提高；

3）农民工收入结构的优化组合通常预示其收入发生质变和螺旋式上升。

(4) 收入成本性指标：包括获取成本（*ACQ*）、工作对健康损益（*HEA*）、日工作时间（*HOU*）。农民工从求职到获取收入的过程中支付的除正常生产劳动费用之外的各种社会资本成本、税费、机会成本、交易费用等称为获取成本。农民工经常超时加班并且不惜透支体力和健康，毫无疑问，这会对农民工收入质量产生不利影响。

(5) 收入知识性指标：包括受教育最高程度（*EDU*）、技能水平（*SKI*）。知识含量高的农民工收入不仅数量充足，而且就业层次较高、收入结构较合理、获取成本较低。因此，受教育最高水平和技能程度可能会对农民工收入质量产生正面影响。

基于以上所述，以农民工收入质量作为一级综合指标，下设 5 个二级指标，分别为收入充足性、收入结构性、收入稳定性、收入成本性和收入知识性对农民工收入质量进行评价，并根据每个二级指标的特性选取 2 ~4 个数目不等的三级指标，具体指标如图 2-1 所示。

## 2.3　农民工收入效用理论模型

收入效用理论是研究收入质量问题的基础，收入质量的优劣直接受农民工的效用偏好影响。假设农民工分配自己的人力资源（$\bar{L}$）到农业劳动和非农业劳动，使其产生最大化的劳动收入。其中，劳动收入的非农业部分主要来自城镇打工的雇佣工资收入，不同城镇失业率和转移成本不同会给最终工资率（$w$）带来折扣。农业生产技术函数表示如下：

$$y = f(l, k, n) \tag{2-1}$$

式中　$l$——在农业劳动上的劳力投入；

$k$——资金投入（包括种子、化肥、农机等）；

$n$——土地的投入。

- 农民工收入质量评估指标体系
  - 收入充足性指标
    - 家庭总收入(*INC*)
    - 打工月收入(*WAG*)
  - 收入稳定性指标
    - 年工资变动幅度(*CHA*)
    - 工作单位更换次数(*COM*)
    - 工资能否按时领取(*TIM*)
    - 工资能否足额领取(*QUA*)
  - 收入结构性指标
    - 打工收入占总收入比例(*PER*)
    - 农业是否是主要收入来源(*AGR*)
    - 财产性和转移性收入(*PRO*)
    - 奖金或提成占工资收入比例(*BON*)
  - 收入成本性指标
    - 工作对健康损益(*HEA*)
    - 日工作时间(*HOU*)
    - 获取成本(*ACQ*)
      - 税费(*TAX*)
      - 社会资本成本(*SOC*)
      - 机会成本(*OPP*)
      - 交易费用(*TRA*)
  - 收入知识性指标
    - 受教育最高程度(*EDU*)
    - 技能水平(*SKI*)

图 2-1 农民工收入质量评估指标体系

假设产出产品边际投入为正，交叉导数全为非负，由此可得，农民工收入的目标函数可表示为：

$$\max_{\{l\geqslant 0,k\geqslant 0,n\geqslant 0\}} \{pf(l, k, n)\} - rk - sn + w(\bar{L} - l) \tag{2-2}$$

式中 $p$——农产品价格向量；

$r$——资金的借贷利率；

$s$——土地的租金率；

$\bar{L} - l$——家庭中从事非农业劳动的人口数量。

由于我国农村和农业体制的自身特点，模型需要进行部分调整。第一，家庭拥有的土地数量固定，不能够进行转让。我国农村的土地制度为集体所有制，农民可以进行使用权的转让，能够进行土地配置但是不能出卖土地。虽然近些年来国家出台很多法律法规和相关政策允许进行土体转租，但是由于农村大量土地闲置，土地使用的机会成本几乎为零，不能带来额外更多的收入。土地收入不能直接测算，必须以劳动力为载体，是农业劳动收入的一部分。因此，土地规模($\bar{n}$)作为外生变量看待，在目标函数中可以去掉土地租金一项。第二，即使由于农产品价格变动、税收政策等因素的影响，耕种土地对农户没有收益，那么，农户也有失去土地使用权的危险。从长期来看，土地是有价值的资产，假设农户必须提供一定的劳动力去耕种土地，农户必须提供最大劳动力保证土地使用，这种配置结构为农户的目标函数构成约束条件。因此，农户目标函数表示为：

$$\max_{\{l,k\}}\{pf(l,k,n)-rk+w(\bar{L}-l)\} \tag{2-3}$$

约束条件： $\underline{L}<l<\bar{L}$

模型的库恩塔克一阶条件下的最优化结果为：

$$pf_l(l,k,\bar{n})-w=\begin{cases}>0, l=\bar{L}\\<0, l=\underline{L}\\=0, \underline{L}<l<\bar{L}\end{cases}$$

$$pf_k(l,k,\bar{n})-r=0$$

首先，根据下述假设约束可做比较静态分析。收入效应同时产生在内涵边际（收入对象提高其工作强度）和外延边际（农民最终转化为农民工）。

当 $\mathrm{d}l/\mathrm{d}\bar{n}\geqslant 0$ 时，农民拥有更大的耕种面积，会进一步使从事农业生产的人力增加并且使从事非农的劳动力减少。

当 $\mathrm{d}l/\mathrm{d}w\leqslant 0$ 时，城镇的非农业生产活动提供更高的贴现工资率吸收大量的农村劳动力从事非农劳动。个人特征如年龄、健康、性别和家庭经济特征如户口状况都会影响农民工工资贴现。

很明显，农民工的实际劳动量是家庭总体劳动力数量除去农民工从事农业活动的劳动量，家庭总劳动力数量（$\bar{L}$）拥有量更多的状况将会相应增加非农劳动力数量的供给。

其次为农民工配置的税收效应假设。农业税收的大部分份额是来自土地，农民工的农业税是固定存在的。税收的高低会直接对农民工从事非农劳动的积极性产生反向影响，另外也会影响农民工对农业劳动的投入。如果农民工从事农业生产活动的净收益除去税收后的纯收入低于从事非农业生产活动的贴现工资，那么，这个劳动力会将最小劳动力配置在土地生产活动中，同时将其他劳动力配置到城镇的雇佣务工中。因此，农业税收会影响农民工农业资源投入和城乡劳动力转移。非农劳动力数量的增加和农民向农民工的转变是农民工税收效应配置的两个主要来源。

横向公平效用公式的相似性假设和收入税收最优化理论相同，可以用在家庭间效用比较公式上。但是，人们对于这个假设的存在性一直存在争论，这个假设更多是作为一种价值判断工具，很多公平问题都是在这个假设下展开深入研究的。

假设一个家庭的总效用由夫妻二人的各自休闲和家庭消费协同决定，将替代弹性考虑在内的农民工收入效用函数公式为：

$$U_i=[a_{1i}(T-L_{Hi})^{-u_i}+(T-L_{fi})^{-u_i}+(1-a_{2i}-a_{1i})y_i^{-u_i}]^{-\frac{1}{u_i}} \tag{2-4}$$

式中　$U_i$——第 $i$ 个家庭的效用；

$L_{Hi}$——第 $i$ 个家庭丈夫的年工作时间；

$L_{fi}$——第 $i$ 个家庭妻子的年工作时间；

$y_i$——总体家庭收入；

$T$——个人投入时间（假定丈夫和妻子的投入时间均为 5,824 个小时）；

$a_{1i}, a_{2i}, u_i$——分别代表第 $i$ 个家庭的效用系数。

由农民工效用公式可推断，农民工的收入效用不仅与绝对收入数量相关，而且还与家庭成员的休闲时间以及收入质量状况密切相关。

## 2.4 不同视角的农民工收入质量概念解析

### 2.4.1 农民工收入充足性（数量）的属性描述

农民工收入的充足性是指一个计划年度内农民工纯收入总量是否能够支付农业和非农业生产活动的投入以及是否能支付家庭成员正常的生活成本。近 30 年内，我国农民工在收入总量上已经实现了跨越式增长，根据国家统计年鉴和2009年农民工监测调查报告，当年农民工人均月收入是 1417 元，以 68.74% 的比例与当年农民的工资性收入成正比。鉴于 2009 年前后，我国统计部门并未将农民工数据单独成章，因此将农民的打工收入乘以 0.69 的转换比率 $R$ 比照当年农民工收入充足性总量值较为合理。

从表 2-1 能够得出，2011 年农民工人均月收入为 2049 元，对比 1990 年的 95.41 元增长了 21.48 倍。2011 年贫困标准线为 2300 元，农民工人均年收入为 24588 元，照比当年贫困标准线增加了 10.69 倍。2008 年受到全球金融危机的影响，很多农民工失去工作回到了家乡，但是在 2009 年农民纯收入中，工资性收入仍然占到将近 40%，2005 ~2011 年连续六年的时间里农民的纯收入保持增长。不但农民工收入得到了显著增长，农民工的外出就业区域也发生了很大变化。国家统计局的资料显示，农民工在东部地区就业的比例下降了 2%，在中部地区就业的比例保持不变，西部地区就业的比例上升了 2%，以上数据说明在金融危机的冲击下，中西部地区的经济一直保持增长趋势，我国经济结构的调整在有效进行中，为广大农村地区的人口和农民工创造了就业机会。

**表 2-1 1990 ~2011 年农民工人均月收入** （单位：元）

| 项目 \ 年份 | 1990 | 1995 | 2000 | 2005 | 2010 | 2011 |
|---|---|---|---|---|---|---|
| 农民工资性收入 | 138.80 | 353.70 | 702.30 | 1174.53 | 2431.05 | 2980.80 |
| 农民工名义收入 | 95.61 | 243.13 | 482.76 | 807.37 | 1671.10 | 2049.00 |
| 农民居民消费价格指数 | 100.00 | 131.34 | 172.38 | 219.51 | 320.48 | 358.07 |
| 农民工实际收入 | 95.41 | 185.12 | 280.06 | 367.80 | 521.44 | 572.23 |

数据来源：《2011 年中国农业统计年鉴》。

收入数量的增长要依靠收入质量的提高，收入质量的改善能够带来收入数量的持续、快速、稳定的增长。农村务工人员的收入质量与其收入数量之间有着紧密的联系，同时也存在着明显的差别，表 2-2 说明了两者之间的异同。

**表 2-2 农民工收入数量与收入质量的关系**

| 类 型 | 关 注 点 | 影 响 因 素 | 分 析 视 角 |
|---|---|---|---|
| 农民工收入数量 | 农民工收入增长的结果和前景 | 资本、劳动、土地 | 量变：增长速度 |
| 农民工收入质量 | 农民工收入增长的源泉、动力和可持续性 | 增长的稳定性，结构的协调性，获取成本，知识含量，规模经济 | 质变：增长的方式与分布 |

简言之，农村务工人员收入数量与其收入质量之间的联系是：收入数量的研究理论上属于收入质量的研究范畴。收入数量和收入质量的主要差别为：

（1）衡量指标不同。农民工收入数量主要在数量上判断收入的高低。而收入质量为一个复合指标，不但有数量上的判断还有相对性方面的判断。

（2）二者包含的内容不同。农民工收入数量的研究主要从资本、劳动的视角展开，例如研究农民工收入增长、农民工工资歧视等。农民工收入质量的研究主要包括收入质量的全要素生产率、结构优化、知识含量提升和稳定性状况等。

（3）研究方法不同。探索要素与其产出之间的不同关系模型是收入数量的研究主旨，主要采用逻辑实证的方法进行计量方面的研究，重点关注增收提速。农民工收入质量的研究重点是测评收入状态，即价值判断，因此，对农民工收入质量的判断主要利用规范研究方法。

综上所述，在过去的 30 年里，农民工收入得到了快速的增长，但是数量上的增长并没有完全提高农民工的收入状况，因此必须要从质量的角度来研究收入才能更好地了解和分析出农民工的收入状态。除了对农民工收入充足性进行测评，还应当同时考察农民工收入的结构性、稳定性、知识性、成本性等重要维度。

### 2.4.2 农民工收入稳定性的属性描述

从稳定性角度分析农民工收入质量具有重要意义。收入的稳定增长是农民工收入质量的重要组成部分，要避免过度的收入波动，收入波动过大会对农民工造成很大影响。第一，收入波动会破坏农民工收入稳定增长的内在机制。第二，收入波动会增加农民工的务工风险，一般高收入同时也伴随高通胀，低收入带来较低的工作机会。农民工生活处于社会底层，没有相应的资本和财富来应对经济的波动，因此，其生活状况和收入的稳定相对重要。农民工由于教育背景和专业技能的限制，往往从事低端制造业和建筑业的工作，这种行业往往容易受到经济波动的冲击，一旦产生经济危机，农民工将失业或降薪。收入是否稳定将决定农民工的生活状况，也影响社会的贫富差距。大量学者研究证实收入数量波动与收入稳定性增长之间呈相反关系，有时为维持农民工收入的增长稳定性要适度降低增长速度，当收入波动超过一定程度后，收入增速减缓的风险将加大。

在过去20年里，我国农民工工资性收入不断增加，然而工资性收入的增长比率并不稳定。由图2-2可见，农民工工资性收入的年增长率在这段时间内出现4次波动，1992年的增长率最低为5.48%，1991年和1993年的增长率较高，分别为20.40%和35.22%。图中前5年的增长过程非常不稳定，波动较大。1996年至2003年之间，农民收入增长率相对稳定，平均每年增长率保持在10%左右。2004年农民工工资性收入又出现较大的波动，增长率较高，到2008年的这5年期间一直保持15%以上的高速增长。2008年发生世界金融危机，增长率受其影响降到了11.2%，而2009年又变为17.94%。所以，1996年到2009年期间的增长率相对稳定，总体保持在8%~18%之间。

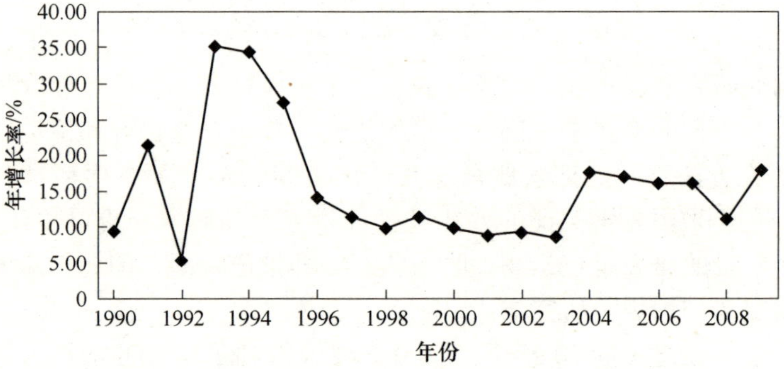


图2-2 近20年农民工工资性收入年增长率趋势
（数据来源：2011年中国农业统计年鉴）

图2-3所示为改革时期农民工月度名义工资的估测值。从图可以看出，我国农民工现价名义工资总体上呈现增长趋势，不同时期的增长速度有明显差异，大体可划分为“两快两慢”阶段。

（1）20世纪80年代，农民工工资增长速度较慢，从80年代初期不到100元上升到80年代末期的200元左右。

（2）20世纪90年代前期的增长速度较快，从90年代初期的200元左右上升为90年代中期的500元左右。

（3）20世纪90年代后期到21世纪初，农民工工资增长速度较慢，2000年和2001年均为608元，对比20世纪90年代中期的100元左右，增长大约20%。

（4）过去10年间，农民工工资增长超过1.5倍，2010年达到了1690元。

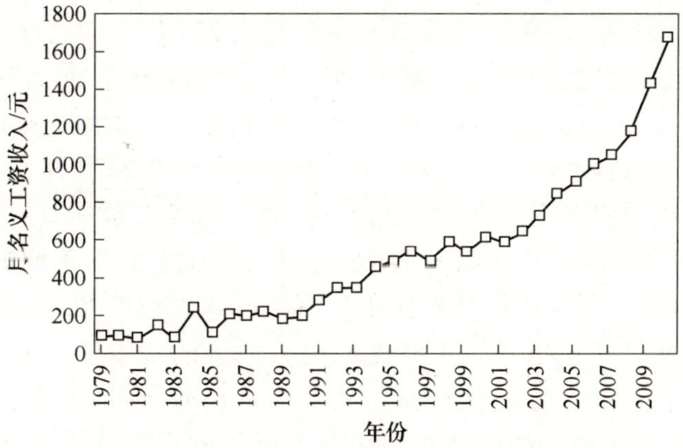


图 2-3　近 30 年中国农民工工资收入变化
（资料来源：卢锋，《中国农民工工资定量估测（1979～2010）》）

1979 年到 2009 年间，农民工工资性收入以平均每年 9% 的增长率稳定增长，经过通货膨胀率调整后的实际工资历经三个阶段的变化，相较于城镇居民而言农民工的工资比率值是不规则波动的先高后低状态。近 20 年的时间里，我国农民工收入增长率的波动较大。虽然在 1995 年以后出现较平稳的增长，但是在 2008 年世界金融危机的影响下，农民工的收入增长又出现了下滑，导致农民工的工资性收入的质量下降。因此，提高农民工收入质量将成为重要课题。

### 2.4.3　农民工收入结构性的属性描述

农民工收入质量的提升包括很多方面，收入数量的提高起到正向作用，收入结构的构成部门的内部组成和比例也会影响农民工收入质量。发展中国家经济面对最困难的问题就是经济转型和二元经济结构，二元经济体制给经济发展带来了很多牵绊，而在二元经济结构转型的过程中，农民工扮演了重要角色。经济增长的重要来源就是经济结构转型，结构偏差会制约经济增长，阻碍经济增长质量的提升。例如，第三产业是农民工就业的主要区域，忽略第三产业的发展和升级将制约农民工收入增长。因此，需要建立一套制度优化结构来适应收入增长的需求，将速度型的增长转变为结构型增长模式。收入结构与质量之间密切关系体现在三方面：一是协调的收入结构反映了农民工就业状况较好、就业能力较佳；二是协调的收入结构能促进农民工增收效益的提高；三是农民工收入结构的优化组合通常预示其收入的质变和螺旋式上升。1979 年以来，农民工增收方式和收入来源渠道都发生了翻天覆地的变化，农民工的收入业已形成了以非农收入为主、农业收入为辅和市场化程度高的基本格局。

笔者在 2012 年春节前后，在甘肃、广西、陕西、辽宁、湖北、山西、山东、河南、湖南、内蒙古等十个省份进行了实地考察和问卷调研，每个省份选取2～4个城市，每个城市各选择2～3个区县，筛选出278份典型数据进行分析，结果见表2-3。220位农民工收入主要来源于打工，占整个收入比例的80.3%。46.9%的农民工认为粮食收入也是主要收入来源之一。其他收入来源主要为经济作物、养殖业、生意收入等。约有7.8%的农民工认为政府补贴也是部分来源，3.1%的农民工认为租金也是收入来源之一。由于农民工群体具有很强的流动性，国家统计部门没有相关农民工收入的年度数据，因此，只能采取近似估计方法判断农民工收入。相关研究表明，农民工工资性收入在整个收入中占到绝对地位，与2011年全国农民（包括农民工和纯农民）收入的工资性收入（41%）对比，约是其两倍，这一对比充分说明了农民工与农民收入的主要区别。2005年到2010年间，农民工工资率的提高对农民收入增长的贡献率为34%，半数农民工的主要收入来源于家庭经营性收入，主要包括粮食作物、经济作物、林业和养殖业等，充分显示了农民工的农业经营特点，但是转移性收入和财产性收入占的比例较小。

**表2-3　2011年样本农民工的收入来源比例分配**

| 主要收入来源 | 人数/人 | 比例/% |
|---|---|---|
| 打工 | 220 | 80.3 |
| 粮食作物 | 123 | 46.9 |
| 经济作物 | 49 | 19.1 |
| 做生意 | 32 | 12.5 |
| 养殖业 | 24 | 9.4 |
| 政府补贴 | 20 | 7.8 |
| 租金 | 8 | 3.1 |
| 林业 | 6 | 2.4 |
| 其他 | 9 | 3.5 |

注：调查问卷中此问题为多选，因此，比例加和不等于100%。

2011年10省份农民工收入结构见表2-4。农民工平均年家庭纯收入是10933.6元，其中9096元来源于打工收入，占整个收入的83.20%。人均农业生产性收入为1240.9元，数据显示农民工也没有完全脱离农业生产活动，但是农业生产活动在农民工中的比例很低，与农民认为粮食作物是其收入来源的结论相比有很大不同。另外，很多农民工也从事自我经营的创业活动并从中取得很好收益，自我经营的生意占到农民工收入的4%左右，这体现了农民工就业方式更加灵活，新生代农民工具有创业意识，并且优化自身收入结构的意识增强。综上所述，收入结构的多元化能够为农民工收入质量的改善起到关键作用。但是，东部沿海地区的用工荒与农民工失业并存的状况对农民工工资性收入存在负面影响，从这个角度看，农民工收入结构还有待进一步完善和调整，农民工收入结构的不合理使农民工收入质量存在一定隐患和风险。

**表 2-4 2011 年 10 省份农民工收入结构**

| 收入来源 | 金额/元 | 比例/% |
|---|---|---|
| 打工 | 9096.76 | 83.20 |
| 农业生产 | 1240.96 | 11.35 |
| 做生意 | 434.06 | 3.97 |
| 其他 | 161.82 | 1.48 |
| 合计 | 10933.60 | 100 |

### 2.4.4 农民工收入成本性的属性描述

农民工在获取收入过程中要付出人力、财力和物力，在求职直到取得最后收入中间还要支付各种税费，还存在机会成本、交易成本和社会资本成本等，以上各种农民工支付的成本可以作为农民工收入的获取成本加以解释。生产成本主要是从全要素生产率的角度来测算，不在本书的讨论范畴之内。获取成本具有多种表现形式，既可以理解为显性成本也可以理解为隐性成本，有时是物质成本有时是精神成本，还存在有形成本和无形成本之分。单纯从数量角度上探讨农民工收入问题时，大量学者将获取成本和生产成本混为一谈，然而从质量的宏观角度讨论农民工收入状况时，获取成本与生产成本并不相同，获取成本在现实中客观存在并发挥了很大作用，获取成本与农民工收入质量呈反向影响关系。

过去 30 年的时间里，农民工的税费负担比较重，严重影响了农民工的收入质量。由于我国旧体制仍然存在影响，农民工进城后即刻被加以严格管制。农村务工人员要通过多种证据证明其打工身份合法，这其中包括健康证、计生证、暂住证、就业卡等诸多证件。很多打工人员要办理 10 个以上的证件，为此付出了很多成本。虽然近些年来，农民工的生存状况得到了改善，但是不合理的对待仍然存在。

农民工的机会成本主要指外出务工而放弃在家乡就业的收入和有关异地就业相关费用成本。农民工就业的机会成本不同于直接成本，在图 2-4 中的生产成本和交通费用、就业信息费用、培训费等费用以及新旧环境中劳动力再生产费用差额所形成的生存费用三部分构成农民工的机会成本。农民工的机会成本对农民工外出就业和生活有很大不利影响。从数量上分析，其影响和直接成本相当。依据杜书云（2006）成本—收益模型的分析得出，到郑州就业的农民工的机会成本单位提升 100 元，其外出净收益就减少 60 元左右。很多农民工家乡经济比较落后，

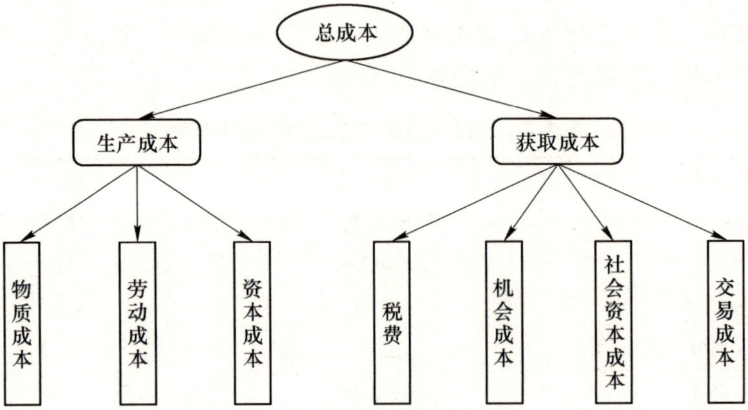


图 2-4　农民工成本结构

就业机会少、获取工资低，这些农民工外出务工的动力较强，在经济上比较划算。

很多经济学家将社会资本概念引入经济学中来分析和解释农民工收入质量的概念。社会资本不均等在两个方面对收入不平等产生影响，即资本欠缺和回报欠缺。资本欠缺是由于投资和机会的差异带来不同群体拥有资本质量和数量不同。回报欠缺主要指群体间的策略、行动努力或制度性反应的不同而引起的社会资本对群体内的不同个体产生不同的回报。农民工外出务工的就业信息主要来源于亲缘、地缘关系、乡邻，个人关系网络和社会网络能够对农民工就业产生很大影响，社会关系资本是农民工职业获取和发展的前提性因素，个人工作经历、业务技能、教育水平等人力资本因素要通过社会资本才能发生作用，因此，社会资本能够提高农民工在城镇中的就业率。具体来说，农民工固有的社会资本的大小对增加其在城镇中的收入没有显著影响，新获取的异质性社会资本能够对收入产生正向影响。总之，农民工收入质量会受到社会资本和社会网络的重要影响，具体详细分析在理论和个案研究中都有较好的论述。

农民工获取成本中的交易成本包括很多成本，如信息成本、契约成本、履约成本、讨价还价成本、搜寻成本以及其他相关成本。严格来讲，社会资本也属于交易成本的范畴，但是社会资本包含特殊的地缘关系和血缘关系，这种关系在我国社会中表现得尤其明显，又因为社会资本在农民工开始获取工作的时候起到一定作用，因此，将社会资本成分分离出来讨论农民工收入质量更为合理。农民工在我国社会阶层中处于社会底层，要承受工资低和身份歧视，不能获得正常的工作收益对待，搜寻成本和相关就业信息成本远高于城市人，在务工收入中还处处受到不公正对待。农民工工资不能按时发放、不按照最低工资标准发放、以实物顶替工资的现象比较普遍，严重损害了农民工的基本权益和收入质量。造成这种状况的原因很多，主要有以下两点：第一，农民工群体是相对缺乏组织性的弱势群体，当利益受到侵害时不知如何寻求保护。第二，用工单位缺乏监督和管理，容易产生道德问题，不重视农民工的权益，损害农民工的各方面利益。所以，当农民工没有正常获得劳动报酬的时候，他们就要付出更大的交易成本来获得相同的收入质量。

以北京建筑业的某农民工为例，2010 年 12 月其实际收入为 3200 元，每个月社会保险、所得税和其他相关费用为 415 元。按照 2010 年全国农民人均月收入 5919 元折算，他的月机会成本为 5919/12 = 493.25 元。这份工作是由工友介绍，为了感谢工友请客加上礼品又花了大约 100 元。工作面试和签约过程花费的为往返火车票 84 元、汽车票 30 元、公共汽车票 8 元，交通费一共花去 122 元。核算下来，这位农民工的总获取成本为 415 元（税费）+ 493.25 元（机会成本）+ 100 元（社会资本成本）+ 122 元（交易成本）= 1130.25 元，占到总收入的 35.32%。这位农民工的实际收入为减去获取成本之后的 2049.75 元。这个数额是在没有发生工资拖欠情况下的所得，没有产生信息成本和履约成本。2009 年的农民工监测调查报告显示，该年建筑业农民工的月平均工资收入是 1625 元，按工资年均 9% 增长速度估算，2010 年建筑业农民工的月均工资收入是 1771.25 元，远远低于 3200 元。由此可见，获取成本对农民工收入质量的影响非常大。

### 2.4.5 农民工收入知识性的属性描述

在知识经济快速发展的时代，人力资本与个人收入之间的关系越来越密切，目前学术界的研究结果表明，知识含量和技能水平是影响农民工收入质量的内在决定因素。Mincer 人力资本模型中就引进了很多变量，如进入劳动力市场时的学历教育、工龄、技能和在市场中进行的职业培训。受教育程度、职业培训和技术水平三个变量对农民工收入具有显著影响，受教育程度和技能培训是农民工知识含量的衡量指标。转移的劳动力所获得的教育回报率为 8% 左右，农民工的教育回报率在 5.3% ~6.8% 之间。可见，简单的职业培训对农民工收入没有显著影响，短期培训和正规教育能够在很大程度上影响农民工的工资水平。

受教育水平和农民工收入之间呈现正向关系。20 世纪 90 年代中后期，世界的平均教育收益率大约为 9.7%，其中亚洲国家为 9.9%，发展中国家为 7.5%。在各种受教育程度的农民工中，中等教育程度的农民工具有最高的收益率。农民工受教育水平与教育收益率之间呈倒 U 形曲线，说明中等职业教育水平对农民工收入具有正向作用，教育水平低大大限制了农民工收入质量。

目前，我国农民工文化素质普遍不高，初中文化程度以下的占多数，但是随着义务教育的普遍实施，高中以上文化程度的比例在增加。外出务工人员中，文盲的比例为 1.1%，小学文化水平占 10.6%，初中文化水平占 64.8%，高中文化水平占 13. 1%，中专及其以上文化水平占 10. 4%。高中及其以上文化程度比重比上年度升高 1. 7%，占总比例的 23. 5%。按照年龄分组看出，低年龄组中较高学历的比例要高于高年龄组，30 岁以下年龄组中，高中及其以上学历的比例在 26% 以上，其中，21 ~25 岁年龄组中受到高中及其以上教育水平达到 31. 1%，如图 2-5 所示。教育水平低下会直接限制农民工的生存技能，对农民工了解、学习、掌握新技术和知识的能力产生负面影响，降低其进行农业结构调整和外出务工能力的提高。受教育程度与农民工行为之间存在必然联系，初中文化程度以上的外出务工人员的比例高于未受过正规教育的比例 24. 14%，高于高中及其以上文化水平 2. 82%，而受过高中及其以上文化教育水平的农民工的收入要比非受到正规教育的农民工高 21. 32%。

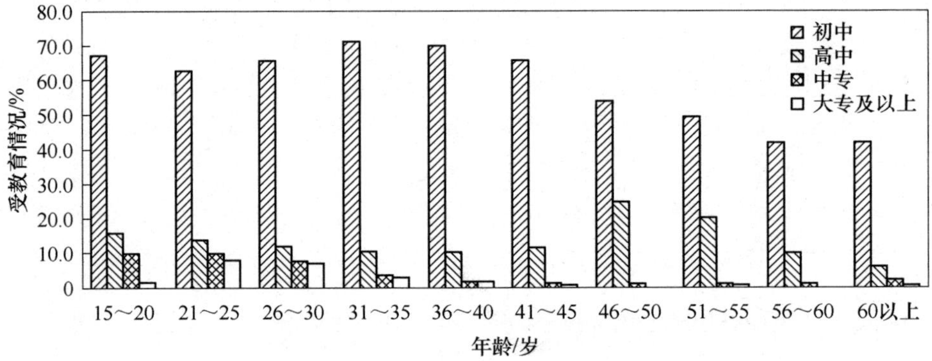


图 2-5 不同年龄组受教育情况

（数据来源：《2009 年农民工检测调查报告》）

根据外出务工人员接受的职业技能培训来看，图 2-6 显示，只有 51. 1% 的农民工接受过职业技能培训，文化水平越低的农民工接受过职业技能培训的比例越

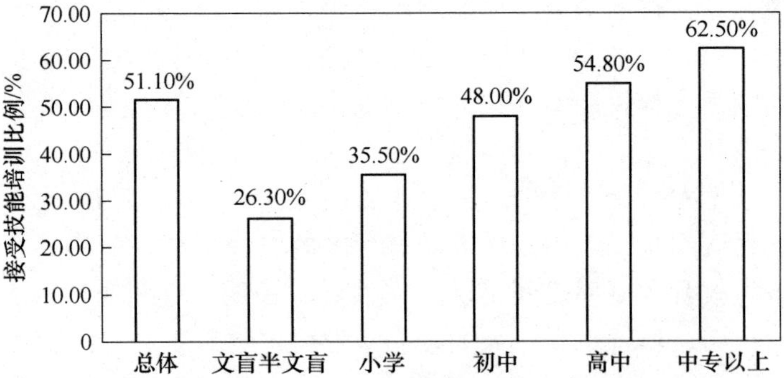


图 2-6 不同教育程度农民工接受技能培训情况

（数据来源：《2011 年中国统计年鉴》）

低。由此可见，农民工的教育水平与农民工是否接受过职业技能培训有直接的正向关系。

职业技能培训对改善农民工收入质量具有正向作用。现阶段我国农民工总体就业呈过剩趋势，结构性供求矛盾突出，具有相关技能的农民工供给不足。参加过职业技能培训的农民工在劳动力就业市场中具有相对优势，能够获得相对较高的收入。2011 年西安市的一项调研报告指出，农村外出务工人员经过专业职业技术培训的比例只有 10%，具有专业技术的只有 15%。调查报告指出经受过职业技术培训的农民工年平均收入为 9076.41 元，没有参加过职业技术培训的只有 6541.13 元，二者之间相差 2535.28 元。在全部受过职业技术培训的 207 个人中，只有 8 个人受过农业技术方面的培训，其他为非农业就业技能培训，包括驾驶、美容美发、计算机、机械电焊、汽车维修、建筑施工、服装加工等，这大大扩大了农民工的就业和行业范围。

总体而言，我国农民工总体知识含量在显著提高，文化教育程度和参加职业技术培训的比例不断升高，其中，高中及其以上文化水平比例不断上升，低年龄组中高中以上学历比重明显高于高年龄组。但是，农民工群体中没有参加过任何职业培训的农民工占多数，低水平教育程度的农民工接受在职培训的机会较少。可见，知识含量直接影响农民工的收入数量和质量，也决定了其就业的行业和从事工作的层次，农民工收入质量的稳定性和结构性也具有决定作用。我国农民工群体整体受教育程度和技能培训程度的比例仍低于发达国家，这种状况限制了农民工收入质量的提升。

## 2.5 本章小结

总之，我国农民工在收入质量的五个维度中，除了收入的数量较高以外，稳定性、结构性、知识性和成本性都没有达到农民工收入质量的要求和标准。我国农民工收入数量与收入质量不匹配的现象比较突出，收入数量的不断增长不代表收入质量的不断提高，高质量的农民工收入表现为数量充足、增长稳定、收入结构合理、获取成本低、知识含量高。本章讨论了农民工收入质量的含义，初步构建了农民工收入质量评价指标体系，随后章节将对收入质量的不同维度展开进一步分析和研究。

# 3　农民工收入质量的现实状况调查

本书有关农民工收入数据主要来自《国家统计年鉴》、《2009年农民工监测调查报告》和业内其他学者历年调查数据，总体而言数据具有极大的参考性，但具体到农民工收入质量五维度的详细数据很难获取，因此笔者深入实地进行调研获取545份有效数据，以此说明农民工收入质量充足性、稳定性、结构性、成本性、知识性的客观现实状况。

## 3.1　调查问卷设计及数据来源

### 3.1.1　调查问卷的设计思路及内容

为了获取农民工收入质量的具体翔实资料，调查问卷主要从人口特征（A）、家庭经济特征（B）、个人就业状况（C）、获取成本（D）和自我评价（E）五部分展开设计。前四个部分侧重农民工收入质量客观状况的调查。为方便收集数据，这四部分采取定距数据和定序数据相结合的方式定义数据结构。最后一部分主要利用Likert五级量表侧重农民工收入质量主观感知和自我测评。其中人口特征部分涉及农民工收入知识含量的问答，家庭经济特征和个人就业状况部分涉及农民工收入数量、稳定性和结构性的调查。

人口特征主要包括性别、年龄、婚姻状况、籍贯所在地、家庭规模、最高教育程度、职业培训时间、技能水平等基本问题。“户口类型”分为农业户口和非农业户口两种类型，其中非农户口不属于调查范围，为防止浪费人力物力将此问题放在调查问卷开始时提问。“家庭打工人数”最少为1，否则也不属于调查对象范围。“技能水平”询问受访对象本人的技能水平和从事行业的技能水平要求，以便测算二者差距。

家庭经济特征主要包括家庭耕地状况、主要收入来源、家庭年收入、家庭收入结构、家庭借贷状况。“家庭耕地面积”是农民工重要属性，也是其区别于城镇居民的特征之一。“家庭主要收入来源”从家庭经营收入（农林牧副渔业）、工资性收入、财产性收入和转移性收入四部分进行分类并请受访对象按其重要程度进行排序。询问受访对象近三年家庭年总收入，一方面可以了解农民工收入数量或充足性，另一方面还可以观察其变动幅度及稳定性。将“家庭主要收入来源”的各项主要收入来源加总后与农民工年总收入对比可验证其调研数据的正确性。“打工收入占总收入比例”是衡量农民工收入结构的重要参考指标。“租赁、变卖财产收入和亲友赠送财物”和“政府救济和补助”主要是为了测度农民工的财产性收入和转移性收入。“欠款金额”与“农民工家庭总收入”进行对比可知农民工收支状况。

个人就业状况主要包括打工地位置、从事行业、单位性质、工作时间、月收入、工资领取、绩效奖金、保险、福利、津贴、合同、城市融入等方面。“打工年数”是衡量农民工工作经验的重要参考依据。“打工地城市规模”和“打工地城市位置”是农民工工作大环境和背景的写照，农民工工作地的经济环境和市场繁荣程度与其收入质量有重要关联。“工作单位更换次数”和“年工资变动幅度”是衡量农民工收入稳定性的主要指标。“从事行业”和“从事行业对健康损益”是为了了解农民工的工作环境和健康成本。“日工作时间”、“周休假天数”和“年工作月数”分别从日、周和年时间段里测度农民工收入付出的时间成本。“打工月收入”和“月消费”是衡量农民工收入充足性的主要指标之一，二者之差是农民工月纯收入。通过“家庭支出”可进一步了解农民工收入的用途。“工资能否按期领取”“工资能否足额领取”和“被拖欠的工资、医疗费能否追回”三项指标可以测度农民工收入稳定性。“绩效奖金或业绩提成占工资收入比例”指标可以衡量农民工收入结构性。“用工合同签订状况”“合同重要性”和“工伤医疗费赔付”可以反映农民工维权意识和收入保障之间的关系。“城市生活时间”“城市生活适应度”“是否在打工地购房”“与雇主关系”“与当地市民关系”可以反映农民工城市融入程度、工作稳定度和收入稳定程度。

获取成本主要包括求职成本、为工作支付的相关费用、亲情成本、税费、机会成本、交易成本和社会资本成本等。“换工作原因”和“求职渠道”从宏观角度观察受访农民工获取成本相关概况。“请客送礼费用”可以衡量农民工求职过程中付出的社会资本成本。“往返交通费”“食宿费”和“服装、化妆、简历、通信费”可以衡量农民工求职过程中付出的交易费用。“单程交通费”“单程时间”和“交通方式”可以衡量农民工在工作存续期间付出的交易成本。询问调查对象是否与配偶、父母、子女同住及其探望频次，可以测度农民工为取得打工收入所付出的亲情心理成本，与交通费用相结合可以推算出为亲情付出的交通费用等经济费用。“年税费”主要衡量获取成本中的税费。“生活用品重置费”“租金”和“意外损失费”是沉没成本的组成部分。“年务农收入”可以衡量农民工获取成本中的机会成本。询问受访农民工是否有亲戚或朋友在党政机关、银行或信用社、企业工作以及社会关系是否增加，借以衡量农民工社会资本富裕程度。询问受访对象是否有电脑、网络或手机，间接反映农民工社会资本的信息成本。

总体评价主要包括工作期望及胜任力、就业困难、收入趋势、收支状况、幸福感以及在参照物分别是农民和城镇居民的前提下收入质量五维度及总体自我评价。“就业困难”选择及其重要性排序主要测度农民工收入困难的视角是来自收入质量的具体某几个维度。“家庭收入趋势”和“家庭收支状况”是测量收入质量稳定性自我感知的重要指标。询问了农民工与农民、城镇居民对比的工作环境。询问受访对象教育背景和技能水平与其工作的胜任力，主要测度农民工收入知识含量的高低。询问其健康状况与工作的胜任力，主要测度其健康获取成本。“付出与收入是否成正比”即从农民工心理角度测量其总体收入质量平衡感。“提高收入质量因素”选择及排序探寻收入质量的短板及改进路径。主要利用Likert五级量表测度农民工收入质量主观感知，分为“非常同意”“同意”“中立”“不同意”和“非常不同意”五个选项。其中，在比较对象是农民和城镇居民的前提下对农民工收入质量的充足性、稳定性、结构性、成本性、知识性和总体质量进行评价，反映了农民工对其人际关系和能力的自我评价。

调查问卷中问题的排序以收入质量五维度排序为主循序渐进，以常规知识为辅进行微调。以家庭年收入和获取成本等定序数据为例说明其档位及其数值范围的划定是在预调查的基础上结合实际数据进行不断调整最终确定，目的是取得合理科学的估计值，力求反映农民工收入质量的全貌。

### 3.1.2 数据来源说明

本书研究所用数据来源于西北农林科技大学经济管理学院于2012年2~7月组织的三十余名研究生和本科生对外来农民工进行的随机抽样问卷调查，其中包括多次在山东农村、杨凌和西安火车站、杨凌和西安劳务市场、杨凌和西安建筑公司、陕西铜川煤矿企业和劳务市场等地组织的大规模调研。调查内容涉及农民工的人口特征、家庭经济特征、个人就业状况、获取成本和收入质量总体评价五个方面，除预调研之外一共发放调查问卷700余份，最后经过筛选获取有效问卷545份，调查问卷总体有效率为77.86%。多次调查覆盖了包括山西、湖南、陕西、甘肃、河南、辽宁、湖北、广西、山东、四川等10个农民工来源地省份，每个样本省份又分别各选2~3个地级市展开随机抽样调查。为保证样本具有一定的代表性，调研人员均在接受正规调研培训之后展开工作，在火车站调研时根据车次途经站和终点站展开有目的有秩序有选择的访谈，并根据已有样本来源省份不断调整调研程序和对象，最终获取结果令人满意。

调查问卷中相关变量的描述性统计：从性别和婚姻状况看，被访者中男性、已婚者占多数。从年龄构成看，被访者年龄分布呈正态分布。从收入知识性看，被访者受最高教育程度适中，平均受教育水平为初中。受访农民工的技能水平大多处于中低级，其中大约43.8%的调研对象拥有与务农水平相当的技能水平，另外21%的农民工技能水平较低。从农民工家庭经济特征观察，农民工平均家庭规模为4口，受访对象家庭耕地面积平均为4.90亩，绝大多数农民工的户口状态仍在原户籍地未迁移，农民工打工地位于中西部城市者居多。从农民工收入特征来看，受访对象2011年家庭总收入和月收入充足性较高。从农民工收入结构看，60.7%的受访者七成以上收入来源于打工收入。从收入获取成本来看，受调研对象2011年的平均获取成本为4000元左右。从工作对健康损益来看，50.8%的农民工从事行业对健康有害。从样本对象日工作时间看，62.1%的农民工日工作时间在9个小时以上。

## 3.2 农民工收入充足性的现实状况分析

农民工家庭年总收入分为14个区间，2009～2011三年收入状况分布不均，时有波动。根据调查数据得知，大部分农民工收入集中在中低档次，高收入的农民工家庭一直占少数，但与全国同期水平相比农民工收入水平处于较高水平。

### 3.2.1 2009～2011年农民工家庭总收入

2009～2011年农民工年家庭总收入情况见表3-1和图3-1～图3-3。

**表3-1 2009～2011年农民工年家庭总收入**

| 年家庭总收入/万元 | 2011年 | | 2010年 | | 2009年 | |
|---|---|---|---|---|---|---|
| | 频数/人 | 比例/% | 频数/人 | 比例/% | 频数/人 | 比例/% |
| 2以下 | 118 | 21.7 | 63 | 11.6 | 102 | 18.7 |
| 2～2.5 | 70 | 12.8 | 74 | 13.6 | 66 | 12.1 |
| 2.5～3 | 92 | 16.9 | 97 | 17.8 | 101 | 18.5 |
| 3～3.5 | 85 | 15.6 | 67 | 12.3 | 53 | 9.7 |
| 3.5～4 | 39 | 7.2 | 69 | 12.7 | 83 | 15.2 |
| 4～4.5 | 66 | 12.1 | 50 | 9.2 | 31 | 5.7 |
| 4.5～5 | 13 | 2.4 | 30 | 5.5 | 27 | 5.0 |
| 5～5.5 | 13 | 2.4 | 54 | 9.9 | 52 | 9.5 |
| 5.5～6 | 13 | 2.4 | 14 | 2.6 | 9 | 1.7 |
| 6～6.5 | 7 | 1.3 | 6 | 1.1 | 3 | 0.6 |
| 6.5～7 | 6 | 1.1 | 1 | 0.2 | 1 | 0.2 |
| 7～7.5 | 4 | 0.7 | 3 | 0.6 | 5 | 0.9 |
| 7.5～8 | 4 | 0.7 | 5 | 0.9 | 3 | 0.6 |
| 8以上 | 15 | 2.8 | 12 | 2.2 | 9 | 1.7 |
| 总体 | 545 | 100.0 | 545 | 100.0 | 545 | 100.0 |

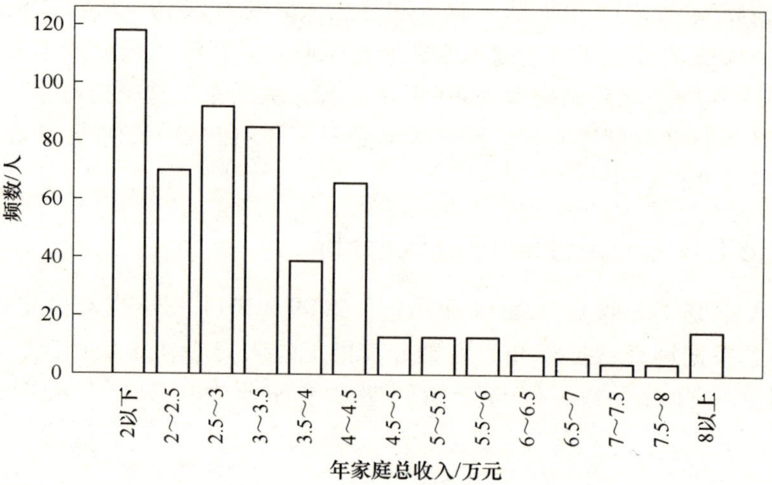


图 3-1　2011 年受访农民工年家庭总收入区间分布

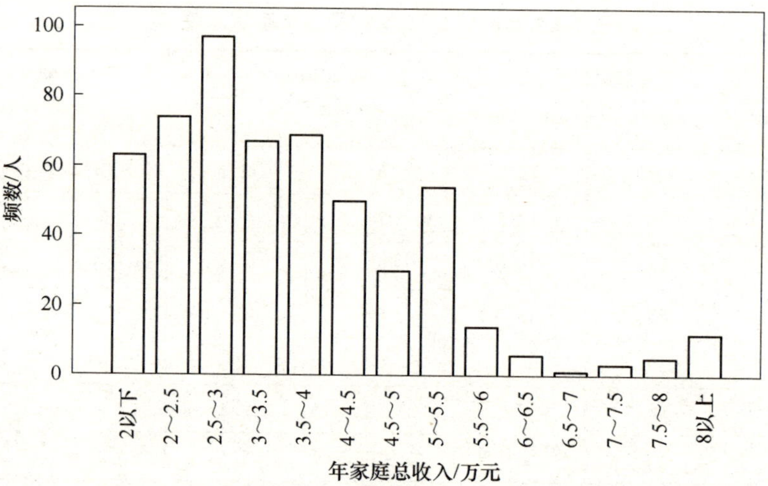


图 3-2　2010 年受访农民工年家庭总收入区间分布

2011 年，受访农民工家庭总收入多集中在 2 万 ~4.5 万元，家庭收入 4.5 万 ~8 万元以上的农民工比例较低。2010 年，受访农民工家庭总收入多集中在 2 万 ~5.5 万元区间，年收入 5.5 万 ~8 万元以上的农民工比例较低。2009 年，调研对象的家庭年收入集中在 2 万 ~5.5 万元，5.5 万 ~8 万元区间的农民工比例较低。可见，农民工家庭年总收入多集中在中低档次，高收入的家庭占少数。《2009 年农民工监测调查报告》显示，当年我国农村务工人员的月收入平均为 1417 元，与这一数据进行横向对比，受访农民工的年家庭总收入较高，即客观来看，农民工收入的充足性较高。

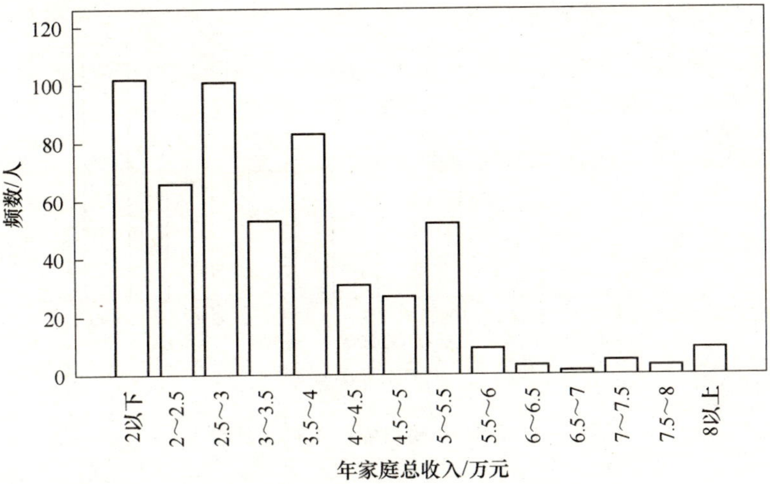


图 3-3 2009 年受访农民工年家庭总收入区间分布

### 3.2.2 农民工收入收支状况

受访农民工 2011 年月纯收入为 885.83 元。农民工主要的家庭支出是基本生活需要和子女教育，其次为盖房子及结婚和储蓄。农民工 2009 ~ 2011 年家庭收入状况统计中，有 56% 的人略有积蓄，28.4% 的人收支基本持平，15.6% 的农民工入不敷出。总体而言，近 3 年农民工收入大于支出，收入充足性较高。

根据调研数据推算，受访农民工 2011 年打工月收入平均为 2227.5 元，月消费平均为 1341.67 元，二者之差为 885.83 元。

2011 年农民工月收入及月消费情况见表 3-2 和图 3-4、图 3-5。

**表 3-2 2011 年农民工月收入及月消费**

| 月收入/元 | 频数/人 | 比例/% | 月消费/元 | 频数/人 | 比例/% |
|---|---|---|---|---|---|
| 500 以下 | 14 | 2.6 | 400 以下 | 105 | 19.3 |
| 500 ~ 1000 | 36 | 6.6 | 400 ~ 600 | 135 | 24.8 |
| 1001 ~ 1500 | 86 | 15.8 | 601 ~ 800 | 89 | 16.3 |
| 1501 ~ 2000 | 90 | 16.5 | 801 ~ 1000 | 88 | 16.1 |
| 2001 ~ 2500 | 81 | 14.9 | 1001 ~ 1200 | 59 | 10.8 |
| 2501 ~ 3000 | 75 | 13.8 | 1201 ~ 1400 | 18 | 3.3 |
| 3000 以上 | 163 | 29.9 | 1400 以上 | 51 | 9.4 |
| 总体 | 545 | 100.0 | 总体 | 545 | 100.0 |

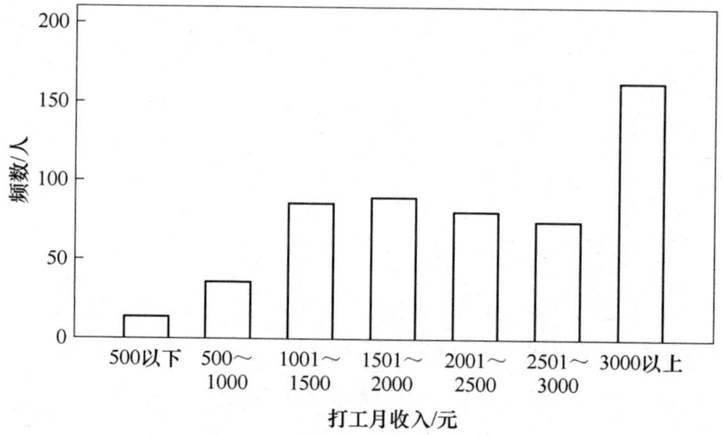


图 3-4 2011 年受访农民工打工月收入

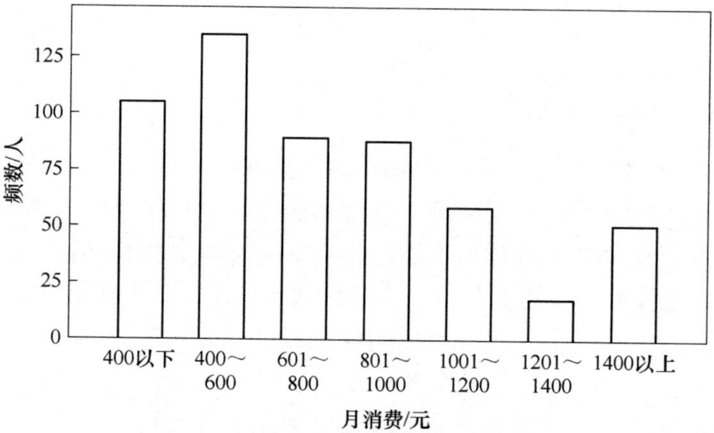


图 3-5 2011 年受访农民工月消费

农民工主要的家庭支出是基本生活需要和子女教育，其次为盖房子及结婚和储蓄，见表 3-3 和图 3-6。另外主要包括交通通信、农业生产投入、房租和医疗保健等。约有 4.8% 的农民工将收入用于做生意，4.4% 的人用于休闲娱乐。

**表 3-3 主要的家庭支出**

| 用　　途 | 人数/人 | 比例/% |
|---|---|---|
| 食品、衣着和基本生活用品 | 326 | 59.8 |
| 子女教育 | 269 | 49.4 |
| 盖房子及结婚 | 154 | 28.3 |

续表 3-3

| 用　　途 | 人数/人 | 比例/% |
|---|---|---|
| 储蓄 | 144 | 26.4 |
| 交通通信 | 101 | 18.5 |
| 农业生产投入 | 99 | 18.2 |
| 房租 | 97 | 17.8 |
| 医疗保健 | 83 | 15.2 |
| 做生意 | 26 | 4.8 |
| 娱乐旅游休闲 | 24 | 4.4 |
| 其他 | 11 | 2.0 |

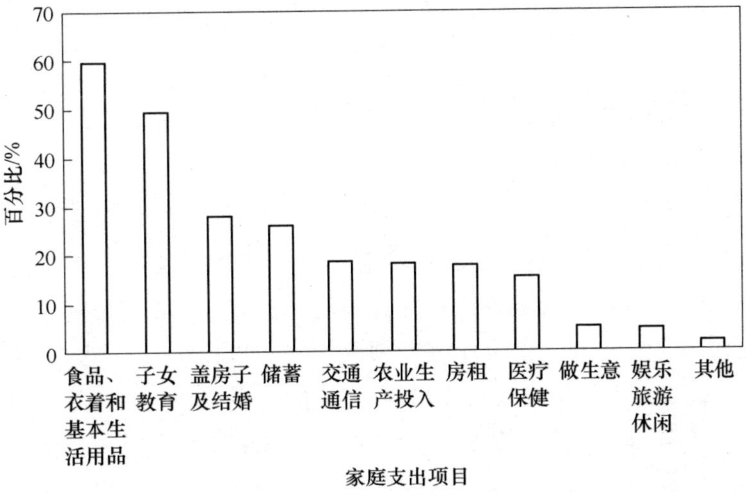


图 3-6　农民工主要家庭支出

农民工 2009 ~ 2011 年家庭收支状况统计中，有 56% 的人略有积蓄，28.4% 的人收支基本持平，15.6% 的农民工入不敷出，见表 3-4 和图 3-7。

**表 3-4　农民工 2009 ~ 2011 年家庭收支状况**

| 收　支　状　况 | 频数/人 | 比例/% |
|---|---|---|
| 支出大于收入 | 85 | 15.6 |
| 收支持平 | 155 | 28.4 |
| 略有积蓄 | 305 | 56.0 |
| 总体 | 545 | 100.0 |

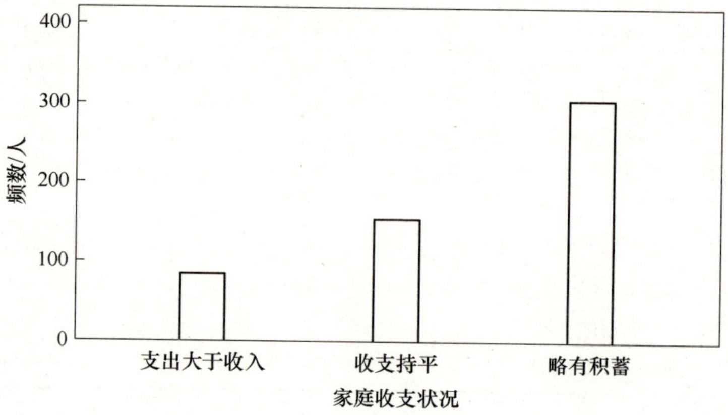


图 3-7　2009～2011 年农民工家庭收支状况

## 3.3　农民工收入稳定性的现实状况分析

从 2009～2011 年农民工家庭收入变化趋势来看，农民工收入稳定性的总体状态并不令人满意，稳定性仍亟需提高。从农民工工资状况来看，2011 年与 2010 年相比，农民工的年工资变动幅度总体呈上升和稳定趋势，仅有极少数农民工年工资水平下降，农民工收入稳定性尚可。但是，20.2% 的农民工工资领取方式不固定，36.4% 的农民工不能按期领取工资，17.4% 的农民工未能足额领取工资，42.6% 的农民工不能全部追回其被拖欠的工资、医疗费。上述数据直接反映了农民工打工收入不稳定。从农民工就业状况观察，农民工行业更换频繁，工作单位更换更加频繁，就业单位性质大部分为私企和个体户，绝大部分是临时工或合同工，57.7% 的农民工从事工人岗位，从事行业是较苦重的体力劳动，57.4% 的农民工未与单位签订用工合同，24.7% 的农民工认为合同对保障收入作用不重要，56% 的用人单位不会全额支付因发生工伤事故而导致的医疗费用。以上状况客观反映了农民工收入稳定性不高。

### 3.3.1　农民工收入稳定性总体分析

如表 3-5 和图 3-8 所示，接近半数的农民工近几年的家庭收入呈上升状态；32.5% 的农民工家庭收入比较平稳；但仍然有 17.2% 的农民工家庭收入不稳定，上下波动；甚至有 2.6% 的农民工家庭收入持续下降；家庭收入持续上升的农民工占 47.7%。农民工收入稳定性总体状态并不令人满意，稳定性仍亟需提高。

表 3-5 2009～2011 年家庭收入趋势

| 收入趋势 | 频数/人 | 比例/% |
|---|---|---|
| 持续上升 | 260 | 47.7 |
| 持续下降 | 14 | 2.6 |
| 时升时降 | 94 | 17.2 |
| 比较平稳 | 177 | 32.5 |
| 总体 | 545 | 100.0 |

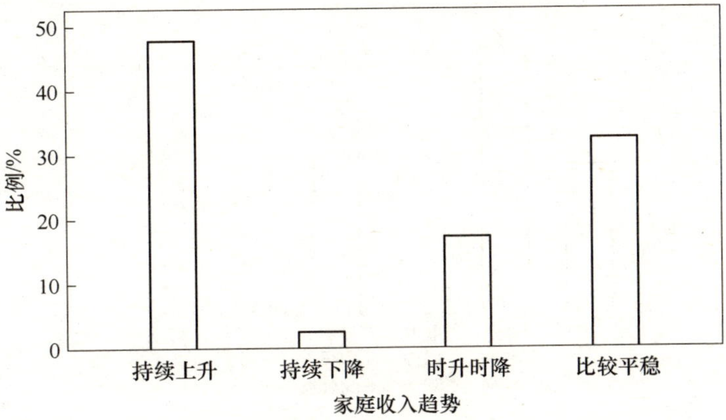


图 3-8 2009～2011 年农民工家庭收入趋势

### 3.3.2 农民工工资状况

由于农民工 83.2% 的收入来自打工收入，因此重点分析农民工的个人年工资变动幅度对于研究农民工家庭收入稳定性具有重大借鉴作用。2011 年与2010 年相比，农民工的年工资变动幅度总体呈上升和稳定趋势，仅有极少数农民工年工资水平下降，见表 3-6 和图 3-9。从 2011 年与 2010 年相比农民工年工资变动幅度来看，农民工收入稳定性尚可。

表 3-6 2011 年与 2010 年相比年工资变动幅度

| 年工资变动幅度 | 频数/人 | 比例/% |
|---|---|---|
| 增长 20% 以上 | 101 | 18.5 |
| 增长 10% ～20% | 180 | 33.0 |
| 增长 10% 以内 | 106 | 19.4 |
| 没有明显变化 | 144 | 26.4 |

续表 3-6

| 年工资变动幅度 | 频数/人 | 比例/% |
|---|---|---|
| 减少 10% | 7 | 1.3 |
| 减少 10% ~20% | 3 | 0.6 |
| 减少 20% 以上 | 4 | 0.7 |
| 总体 | 545 | 100.0 |

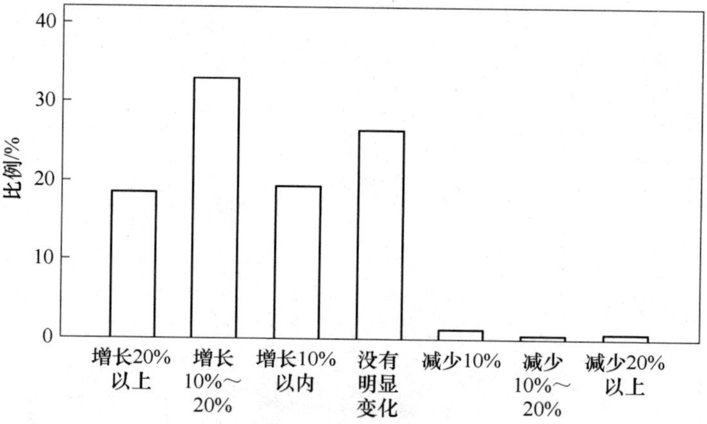


图 3-9　2011 年与 2010 年相比农民工年工资变动幅度

如表 3-7 所示，受访对象中，61.8% 的农民工按月领取工资，其余工资领取方式包括按日、周、季度和年领取工资。但仍有 20.2% 的农民工工资领取方式不

**表 3-7　工资领取情况**

| 项目 | | 比例/% | 项目 | | 比例/% |
|---|---|---|---|---|---|
| 工资领取方式 | 按日领取 | 8.1 | 工资能否按期领取 | 基本按时 | 63.6 |
| | 按周领取 | 2 | | 有时延期 | 25 |
| | 按月领取 | 61.8 | | 经常延期 | 11 |
| | 按季度领取 | 0.4 | | 无法领取 | 0.9 |
| | 按年领取 | 7.5 | 被拖欠的工资、医疗费 | 能全部追回 | 57.4 |
| | 不固定 | 20.2 | | 追回大部分 | 27.0 |
| 工资是否足额领取 | 是 | 82.6 | | 追回小部分 | 10.0 |
| | 否 | 17.4 | | 无法追回 | 5.7 |

固定，这直接导致其工资收入不稳定。2011 年只有 63.6% 的农民工可以按期领取工资，25% 的农民工工资有时延期，11% 的农民工工资经常延期，0.9% 的农民工甚至无法领取工资，合计 36.9% 的农民工不能按期领取工资。只有 82.6% 的农民工在 2011 年足额领取工资，有高达 17.4% 的农民工未能足额领取工资。这反映了农民工工资收入不稳定的实际状况。深究被拖欠的工资、医疗费结果，57.4% 的农民工可以全部追回，27% 的农民工可以追回大部分被拖欠的工资、医疗费，10% 的农民工可以追回小部分被拖欠的工资、医疗费，另有 5.7% 的农民工彻底无法追回其被拖欠的工资和医疗费用，合计约有 42.6% 的农民工不能全部追回其被拖欠的工资、医疗费。

### 3.3.3 农民工就业状况

受访农民工最少从事 1 种行业，最多从事 12 种行业，平均从事 2.34 种行业。38.9% 的农民工只从事 1 种行业，27.9% 的农民工从事 2 种行业，17.1% 的农民工从事 3 种行业，其余农民工从事 4 种及以上行业。频繁更换行业不利于提高农民工工资收入稳定性。根据调查数据统计，只有 22% 的农民工没有换过工作单位，22% 的农民工甚至换过 5 次以上的工作单位，其他农民工换过 2 ~4 次工作单位。可见，农民工更换工作单位比更换行业更加频繁，这在某种程度上对农民工工资收入稳定性产生不利影响。受访农民工 90.6% 为受雇者，9.4% 为自营业者。62.4% 的农民工在私企或民企就业，2% 的农民工在外企就业，18.5% 的农民工受雇于个体户，仅有 17.1% 的农民工就业于国企。国企的稳定性总体高于其他性质单位，由此可见，农民工的工资收入稳定性不高与其就业单位性质有关。受访农民工有 63.1% 是临时工，31.6% 是合同工，仅有 5.3% 是正式工。可见，农民工就业稳定性亟待提高。受访农民工 57.7% 从事工人岗位，23.9% 从事技术岗位，9.4% 从事管理岗位，9.0% 从事销售岗位。总体就业岗位层次偏低。农民工就业状况见表 3-8。

受访农民工有 43.1% 从事建筑业，16.5% 从事加工制作业，11.7% 从事采矿业，6.6% 从事居民服务业，其余农民工涉及住宿餐饮业、批发零售业、交通仓储邮政业和其他行业。由此可知，大部分农民工从事行业需付出较苦重的体力劳动。

受访农民工有 42.6% 与用人单位签订书面合同，43.8% 没签书面合同但与用人单位有口头约定，另有 13.6% 与用人单位既没签合同也无口头约定，合计 57.4% 的农民工没有跟用人单位签订用工合同。此现象的形成原因是部分农民工维权意识不强。

认为用工合同对保障收入作用重大的农民工比例为 75.2%，另有 18.5% 的农民工认为合同对于保障收入作用不大，甚至有 6.2% 的农民工完全否定用工合同对收入的保障作用。这反映大部分农民工维权意识尚可，但仍有24.7%的农民工维权意识较弱。

**表3-8　就业状况**

| 项　目 | | 频数/人 | 比例/% | 项　目 | | 频数/人 | 比例/% |
|---|---|---|---|---|---|---|---|
| 换过几次工作单位 | 没有换过 | 120 | 22.0 | 就业单位性质 | 国有企业 | 93 | 17.1 |
| | 换过1次 | 78 | 14.3 | | 私企或民企 | 340 | 62.4 |
| | 换过2次 | 103 | 18.9 | | 外企 | 11 | 2.0 |
| | 换过3次 | 86 | 15.8 | | 个体户 | 101 | 18.5 |
| | 换过4次 | 38 | 7.0 | 从事岗位 | 技术岗位 | 130 | 23.9 |
| | 换过5次以上 | 120 | 22.0 | | 管理岗位 | 51 | 9.4 |
| 就业类型 | 临时工 | 344 | 63.1 | | 销售岗位 | 49 | 9.0 |
| | 合同工 | 172 | 31.6 | | 工人岗位 | 315 | 57.7 |
| | 正式工 | 29 | 5.3 | | | | |

由于部分农民工未与用人单位有任何承诺，这直接导致发生工伤事故时单位医疗费支付不足。只有44%的单位会全额支付医疗费，31.6%的单位支付一半的医疗费，12.3%的单位仅支付不足1/3的工伤事故医疗费，12.1%的单位不支付任何工伤事故医疗费，总计有56%的用人单位不会全额支付因发生工伤事故而导致的医疗费用。

农民工从事行业、用工合同及工伤医疗费用情况见表3-9。

**表3-9　从事行业、用工合同及工伤医疗费用**

| 项　目 | | 频数/人 | 比例/% | 项　目 | | 频数/人 | 比例/% |
|---|---|---|---|---|---|---|---|
| 从事行业 | 建筑业 | 235 | 43.1 | 从事行业 | 销售业 | 13 | 2.4 |
| | 加工制作业 | 90 | 16.5 | | 安全保卫业 | 12 | 2.2 |
| | 采矿业 | 64 | 11.7 | | 财会业 | 6 | 1.1 |
| | 居民服务和其他服务业 | 36 | 6.6 | | 计算机信息行业 | 6 | 1.1 |
| | 批发和零售业 | 25 | 4.6 | | 卫生体育教育文化科研业 | 2 | 0.4 |
| | 住宿和餐饮业 | 19 | 3.5 | | 金融保险房地产行业 | 2 | 0.4 |
| | 环境卫生业 | 17 | 3.1 | | 文职业 | 2 | 0.4 |
| | 交通运输仓储和邮政业 | 16 | 2.9 | 是否签订合同 | 签订书面合同 | 232 | 42.6 |

续表 3-9

| 项目 | | 频数/人 | 比例/% | 项目 | | 频数/人 | 比例/% |
|---|---|---|---|---|---|---|---|
| 是否签订合同 | 没签，但有口头约定 | 239 | 43.8 | 合同是否重要 | 没有用 | 34 | 6.2 |
| | 既没签书面合同，也无口头约定 | 74 | 13.6 | 工伤医疗费 | 全额支付 | 240 | 44.0 |
| 合同是否重要 | 非常重要 | 213 | 39.1 | | 支付一半 | 172 | 31.6 |
| | 比较重要 | 197 | 36.1 | | 不足1/3 | 67 | 12.3 |
| | 不太重要 | 101 | 18.5 | | 分文不给 | 66 | 12.1 |

## 3.4 农民工收入结构性的现实状况分析

农民工收入结构见表3-10。受访对象中，84.4%的农民工认为农业收入不构成其主要收入来源，15.6%的农民工认为农业收入构成其主要收入来源之一。88.9%的农民工认为打工收入是其主要收入来源之一，65.9%的农民工认为打工收入占其总收入的比例在70%以上，打工收入已经构成农民工总收入比例最大的收入来源。财产性收入和转移性收入在农民工总收入结构中比例偏低。现阶段，农民工收入结构不甚合理，来源多样化和来源比重仍需调整，这直接影响了农民工收入质量的进一步提高。

### 3.4.1 家庭经营的农业收入

农民工收入主要由家庭经营收入、工资性收入、财产性收入和转移性收入四部分组成。农民工收入质量的提高不只依靠收入数量的提高，收入结构内部组成成分之间的排列组合和比例调整分配同样也会引起农民工收入质量的提升。

农业的收入主要来自粮食作物（包括燕麦、黑麦、大麦、玉米、谷子、小麦、水稻、高粱和青稞等）、经济作物（如棉花、花生、大豆、茶叶、油菜、甜菜、烟叶、蔬菜、瓜果、花卉等）、林业（包括自然林和人工林）和畜牧养殖业。

### 3.4.2 打工收入及其所占比例

88.9%的农民工认为打工收入是其主要收入来源之一，11.1%的农民工认为打工收入不是其主要收入来源，见表3-10。农民工的其他收入来源包括经商或做生意、租金收入、政府补贴等。如图3-10所示，受访农民工中有5.5%的人认为打工收入占总收入的比例不超过30%，9.9%的人认为其打工收入占总收入的比例为31%~50%，18.7%的农民工认为打工收入占其总收入比例为51%~70%，65.9%的农民工认为打工收入占其总收入的比例在70%以上。可见，打工收入已经构成农民工总收入比例最大的收入来源。

**表3-10 农业收入、打工收入是否主要收入及占总收入比例**

| 项目 | | 频数/人 | 比例/% | 项目 | | 频数/人 | 比例/% |
|---|---|---|---|---|---|---|---|
| 农业收入是否主要收入 | 是 | 85 | 15.6 | 认为打工收入占其总收入比例 | <30% | 30 | 5.5 |
| | 否 | 460 | 84.4 | | 31%~50% | 54 | 9.9 |
| 打工收入是否主要收入 | 是 | 485 | 88.9 | | 51%~70% | 102 | 18.7 |
| | 否 | 60 | 11.1 | | 71%~90% | 166 | 30.5 |
| | | | | | >91% | 193 | 35.4 |

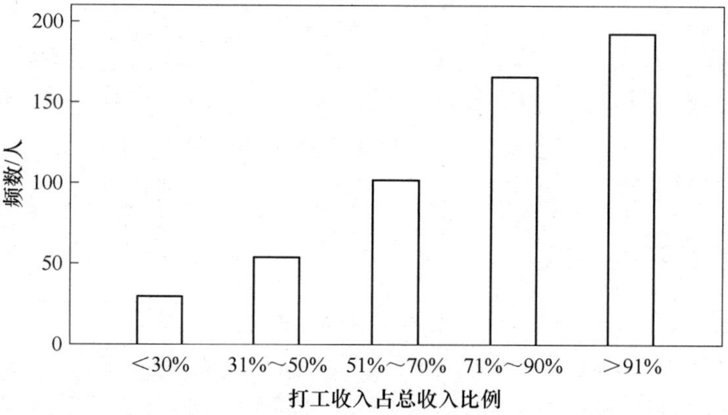


图3-10 受访农民工打工收入占总收入比例

### 3.4.3 财产性和转移性收入

2011年农民工财产性和转移性收入见表3-11。545位受访农民工2011年租赁和变卖财产收入最小值为0元，最大值为30000元，平均值为1203.7元。2011年农民工收到的亲友赠送钱物最小值为0元，最大值为20000元，平均值为203.54元。因此，受访农民工2011年的平均财产性收入为1407.24元。2011年受访农民工接收到的政府救济和救助最小值为0元，最大值为5000元，平均值为226.95元，因此2011年受访农民工的平均转移性收入为226.95元。

**表 3-11 2011 年农民工财产性和转移性收入的描述性统计**

| 具体收入项目 | 最小值 | 最大值 | 均值 | 标准差 |
|---|---|---|---|---|
| 2011 年租赁和变卖财产收入 | 0.00 | 30000.00 | 1203.7 | 13760.66 |
| 2011 年亲友赠送钱物 | 0.00 | 20000.00 | 203.54 | 1123.076 |
| 2011 年政府救济和补助 | 0.00 | 5000.00 | 226.95 | 658.44 |

总之，鉴于样本农民工的月均打工收入为 2227.5 元，可知样本农民工的财产性收入和转移性收入在总收入结构中比例偏低。农业收入不构成绝对部分农民工的主要收入来源。因此，分析农民工的工资性收入结构则成为研究其总收入结构是否合理的主要组成部分。

## 3.5 农民工收入成本性的现实状况分析

现阶段农民工的税费负担过重，机会成本损失大，社会资本成本高，包括搜寻成本和信息成本在内的交易成本、探亲耗费时间长且路费高的亲情成本、包括房租和生活用品重置费在内的沉没成本等项目直接增加了农民工的获取成本，并影响其收入质量。农民工收入成本情况见表 3-12。

**表 3-12 税费、机会成本、请客送礼费用及求职渠道**

<table>
<tr><th colspan="2">项目</th><th>频数/人</th><th>比例/%</th><th colspan="2">项目</th><th>频数/人</th><th>比例/%</th></tr>
<tr><td rowspan="5">税费</td><td>0</td><td>411</td><td>75.4</td><td rowspan="5">请客送礼费用</td><td>0</td><td>401</td><td>73.6</td></tr>
<tr><td>100 元以下</td><td>35</td><td>6.4</td><td>100 元以下</td><td>23</td><td>4.2</td></tr>
<tr><td>100～300 元</td><td>53</td><td>9.7</td><td>100～300 元</td><td>57</td><td>10.5</td></tr>
<tr><td>300～500 元</td><td>20</td><td>3.7</td><td>300～500 元</td><td>25</td><td>4.6</td></tr>
<tr><td>500 元以上</td><td>26</td><td>4.8</td><td>500 元以上</td><td>39</td><td>7.2</td></tr>
<tr><td rowspan="6">机会成本</td><td>0</td><td>85</td><td>15.6</td><td rowspan="6">求职渠道</td><td>熟人或亲戚介绍</td><td>339</td><td>62.1</td></tr>
<tr><td>3000 元以下</td><td>162</td><td>29.7</td><td>电视报纸等媒体招聘广告</td><td>38</td><td>7.1</td></tr>
<tr><td>3000～5000 元</td><td>129</td><td>23.7</td><td>公司店铺等招聘启事</td><td>36</td><td>6.7</td></tr>
<tr><td>5000～8000 元</td><td>53</td><td>9.7</td><td>市县政府安排</td><td>4</td><td>0.7</td></tr>
<tr><td>8000～10000 元</td><td>44</td><td>8.1</td><td>中介机构介绍</td><td>17</td><td>3.2</td></tr>
<tr><td>10000 元以上</td><td>72</td><td>13.2</td><td>网上人才市场</td><td>17</td><td>3.2</td></tr>
</table>

### 3.5.1 税费

样本农民工每年因工作需要缴纳的税费（如个人所得税、个体户纳税）平均为56元。其中，75.4%的农民工不需要缴纳任何税费，6.4%的农民工需要缴纳100元以下的税费，9.7%的农民工需要缴纳税费额为100~300元，3.7%的农民工每年缴纳300~500元的税费，另有4.8%的农民工需要缴纳税费额高达500元以上。

### 3.5.2 机会成本

机会成本是获取成本的重要组成部分，其涵义为如果农民工不外出打工，而是把打工的时间用于在家务农，每年能取得的收入。样本农民工的平均年机会成本为5015元。15.6%的受访农民工如果不出外打工则没有收入，29.7%的农民工如果把打工时间用来务农，每年能取得3000元以下的收入。23.7%的农民工年机会成本为3000~5000元，9.7%的农民工每年机会成本为5000~8000元，13.2%的农民工其机会成本为10000元以上。

### 3.5.3 社会资本成本

社会资本成本包括为获取某种特定社会资本所需付出的时间、精力和金钱。这项成本中可以直接测量的是农民工每年为了求职或找工作而请客送礼的费用。73.6%的受访农民工没有社会资本成本，4.2%的农民工每年为求职而请客送礼的费用在100元以下，10.5%的农民工每年花费100~300元请客送礼，4.6%的农民工每年花费300~500元请客送礼，还有7.2%的农民工每年因求职而请客送礼的花费在500元以上。大量农民工花费额外的社会资本成本求职，与当今社会主流求职渠道相关。

在“您是通过何种渠道找到最近这份工作的?”问卷调查选项中，62.1%的农民工是通过熟人或亲戚介绍找到工作的，占据求职渠道的多半壁江山，因此农民工需要付出一定的社会资本成本以维持和亲友的关系。

通过对农民工社会资本测量（见表3-13），我们发现农民工的社会资本情况并不令人乐观。76.3%的农民工没有亲友在党政机关工作，86.1%的农民工不认识银行或信用社工作人员，74.9%的农民工没有做企业管理人员的亲友。可见，农民工的社会资本比较贫乏，这无疑会增加农民工求职困难程度，并间接提高农民工社会资本成本，从而导致其找工作的获取成本升高。

**表3-13 社会资本测量** (%)

| 问题 | 是 | 否 | 总体 |
|---|---|---|---|
| 您是否有亲戚或朋友在党政机关工作 | 23.7 | 76.3 | 100.0 |
| 您是否有亲戚或朋友在银行或信用社工作 | 13.9 | 86.1 | 100.0 |
| 您是否有亲戚或朋友是企业管理人员 | 25.1 | 74.9 | 100.0 |

### 3.5.4 交易成本

交易成本主要包括搜寻成本、信息成本、议价成本等，另外还包括农民工取得收入过程中支付的时间成本和正常生产成本之外的成本。

#### 3.5.4.1 搜寻成本

农民工的搜寻成本主要指为获取当前这份工作而花费的往返交通费、食宿费和服装、化妆、简历、通信等相关费用。农民工求职的搜寻成本情况见表3-14。

**表3-14 农民工求职的搜寻成本统计**

| 往返交通费 | 频数/人 | 比例/% | 食宿费 | 频数/人 | 比例/% | 服装、化妆、简历、通信等相关费用 | 频数/人 | 比例/% |
|---|---|---|---|---|---|---|---|---|
| 0 | 237 | 43.5 | 0 | 276 | 50.6 | 0 | 282 | 51.7 |
| 300元以下 | 197 | 36.1 | 300元以下 | 134 | 24.6 | 100元以下 | 159 | 29.2 |
| 300~600元 | 74 | 13.6 | 300~600元 | 88 | 16.1 | 100~300元 | 61 | 11.2 |
| 601~900元 | 16 | 2.9 | 601~900元 | 14 | 2.6 | 301~500元 | 22 | 4.0 |
| 901~1200元 | 17 | 3.1 | 901~1200元 | 22 | 4.0 | 500元以上 | 21 | 3.9 |
| 1200元以上 | 4 | 0.7 | 1200元以上 | 11 | 2.0 | 总体 | 545 | 100.0 |
| 总体 | 545 | 100.0 | 总体 | 545 | 100.0 | | | |

43.5%的农民工没有因为找工作花费交通费，36.1%的农民工寻找目前这份工作花费了300元以下的往返交通费，13.6%的农民工因为求职花费的交通费为300~600元，2.9%的农民工花费601~900元的高额交通费，另有3.8%的农民工花费往返交通费在900元以上。可见，部分农民工为获得当前工作支付了较高的交通费用。

半数农民工没有因为寻找目前这份工作花费食宿费，24.6%的农民工花费300元以下的食宿费，16.1%的农民工花费300~600元的食宿费，2.6%的农民工花费601~900元的食宿费，4%的受访农民工花费901~1200元的高额食宿费，另有2%的农民工花费食宿费在1200元以上。由统计数据可知，近半数受访农民工因求职支付了食宿费的搜寻成本，这无疑会增加农民工获取成本，进而降低农民工收入质量。

51.7%的受访农民工没有因为寻找工作而花费服装、化妆、简历、通信等相关费用，29.2%的农民工花费服装、化妆、简历、通信等相关费用在100元以下，11.2%的农民工花费100~300元的服装、化妆、简历、通信等相关费用，4%的农民工花费301~500元的服装、化妆、简历、通信等相关费用，3.9%的农民工花费500元以上的服装、化妆、简历、通信等相关费用。可见，服装、化妆、简历、通信等相关费用对接近半数的农民工造成了搜寻成本负担。

#### 3.5.4.2　信息成本

农民工的信息成本是指取得收入过程中为获取信息而支付的交易成本，见表3-15。61%的受访农民工家里没有电脑，64.2%的受访农民工家里不能上网，在网络信息传播迅速的当今社会，这极大增加了农民工求职的信息成本。但是，95.4%的农民工家里有电话和手机，这代表现在农民工的通信水平比以前有了大幅度提高。总之，农民工的信息成本相对较高，信息化水平仍需进一步提高。较高信息成本的存在会加大农民工获取收入的搜寻难度，进而降低农民工收入质量。

**表3-15　信息成本测量**　（%）

| 问　　题 | 是 | 否 | 总体 |
| --- | --- | --- | --- |
| 您家里有电脑吗 | 39.0 | 61.0 | 100.0 |
| 您家里能上网吗 | 35.8 | 64.2 | 100.0 |
| 您家里有电话或手机吗 | 95.4 | 4.6 | 100.0 |

### 3.5.5　亲情成本

亲情成本是指因为农民工长年在外打工与亲友分居两地而产生的成本。农民工与亲人同住情况见表3-16。在受访的545位农民工中，44.8%的农民工没有与配偶或伴侣一起居住，37%的农民工与配偶或伴侣一起居住，18.2%的农民工没有配偶或伴侣。51.2%的农民工没有与孩子一起居住，24.6%的农民工与孩子一起居住，24.2%的农民工没有子女。67.2%的受访农民工没有与父母一起居住，21.5%的农民工与父母一起居住，11.3%的人父母已过世或者没有父母。可见，接近或超过半数的农民工没有与亲人居住在一起，农民工承受了极大的心理煎熬和亲情成本。

**表3-16　与亲人同住情况**　（%）

| 问　　题 | 是 | 否 | 没有 | 总体 |
| --- | --- | --- | --- | --- |
| 您平时是否与您的配偶或伴侣在一起居住 | 37.0 | 44.8 | 18.2 | 100.0 |
| 您平时是否与您的孩子在一起居住 | 24.6 | 51.2 | 24.2 | 100.0 |
| 您平时是否与您的父母在一起居住 | 21.5 | 67.2 | 11.3 | 100.0 |

农民工探望亲人的频率见表3-17。受访农民工中，4.1%的人从来不回去探望父母，40.5%的人每年仅探望父母1～2次，22.1%的人每年探望父母3～5次；6.1%的人从来不回家探望配偶或伴侣，20.6%的人每年探望配偶或伴

侣 1 ~ 2 次，21% 的人每年探望配偶或伴侣 3 ~ 5 次；5.7% 的人从来不回家探望子女，25.7% 的人每年探望子女 1 ~ 2 次，23% 的人每年探望子女 3 ~ 5 次。多数农民工和亲人长期分居两地，无法团聚，无法享受天伦之乐，这其中的原因大部分是迫于无奈，或者因为工作性质需要经常加班，无暇辗转于两地；或者由于路途遥远，不能承担昂贵的路费。

**表 3-17 探望亲人频率** （%）

| 次 数 | 多久探望一次父母 | 多久探望一次配偶或伴侣 | 多久探望一次子女 |
|---|---|---|---|
| 从来不回 | 4.1 | 6.1 | 5.7 |
| 每年 1 ~ 2 次 | 40.5 | 20.6 | 25.7 |
| 每年 3 ~ 5 次 | 22.1 | 21.0 | 23.0 |
| 每年 6 ~ 10 次 | 9.5 | 12.6 | 12.8 |
| 每月一次 | 6.9 | 5.6 | 4.9 |
| 每周一次 | 2.7 | 0.9 | 2.7 |
| 每天一次或更多 | 14.2 | 33.2 | 25.2 |
| 总体 | 100.0 | 100.0 | 100.0 |

农民工回家探亲需要付出一定的时间成本，见表 3-18。受访农民工中，11.1% 的农民工从居住地到打工所在地需要 13 个小时以上的时间，12.2% 的农民工从打工所在地回家需要 10 ~ 13 个小时，7.6% 的农民工需要 7 ~ 10 个小时，仅有 36.7% 的农民工回家不到 1 小时。农民工回家探亲的单程交通费用因人而异，见表 3-18。受访农民工中，24.4% 的农民工回家不花费交通费用，38.2% 的农民工花费 100 元以下的单程交通费用，29.7% 的农民工花费 100 ~ 300 元的单程交通费，6.6% 的农民工花费 301 ~ 500 元的单程交通费用，1.1% 的农民工花费 500 元以上的单程交通费用。农民工回家一趟的交通费用是单程的 2 倍，因此总体来说，享受亲情的时间成本和交通费用成本都很高。

**表 3-18 时间成本和交通费用**（单程）

| 居住地到打工地所需时间 | 频数/人 | 比例/% | 交通费用 | 频数/人 | 比例% |
|---|---|---|---|---|---|
| <1h | 193 | 36.7 | 0 | 133 | 24.4 |
| 1 ~ 4h | 129 | 23.7 | 100 元以下 | 208 | 38.2 |
| 4 ~ 7h | 47 | 8.5 | 100 ~ 300 元 | 162 | 29.7 |
| 7 ~ 10h | 42 | 7.6 | 301 ~ 500 元 | 36 | 6.6 |
| 10 ~ 13h | 67 | 12.2 | 500 元以上 | 6 | 1.1 |
| >13h | 67 | 11.1 | 总体 | 545 | 100.0 |
| 总体 | 545 | 100.0 | | | |

### 3.5.6 沉没成本

沉没成本指已经付出且不可收回的成本。农民工的沉没成本除了部分交易费用外，还包括意外损失、房租和生活用品重置费，见表3-19。意外损失主要指农民工因为在外打工而遭受的意外损失，包括被偷、被抢、被勒索及其他人身意外伤害损失。受访农民工中，63.5%的农民工遭受过不到100元的意外损失，18.5%的农民工意外损失100~500元，10.3%的农民工意外损失501~1000元，4%的农民工意外损失1001~3000元，还有3.7%的农民工意外损失在3000元以上。可见，受访农民工在外打工时意外损失费的发生增加了农民工获取收入的沉没成本，还影响其收入质量。

**表3-19　意外损失、房租、生活用品重置费用**

| 项目 | | 频数/人 | 比例/% | 项目 | | 频数/人 | 比例/% |
|---|---|---|---|---|---|---|---|
| 意外损失 | ≤100元 | 346 | 63.5 | 房租 | 3000~5000元 | 34 | 6.2 |
| | 100~500元 | 101 | 18.5 | | 5000元以上 | 21 | 3.9 |
| | 501~1000元 | 56 | 10.3 | 生活用品重置费 | 0 | 96 | 17.6 |
| | 1001~3000元 | 22 | 4.0 | | 100元以下 | 91 | 16.7 |
| | ≥3000元 | 20 | 3.7 | | 100~300元 | 158 | 29.0 |
| 房租 | 0 | 301 | 55.2 | | 301~500元 | 86 | 15.8 |
| | 1000元以下 | 84 | 15.4 | | 501~700元 | 83 | 15.2 |
| | 1000~3000元 | 105 | 19.3 | | 700元以上 | 31 | 5.7 |

农民工因为打工而需要在城市居住，如果单位不提供住宿，那么他们就要支付房租费用，这部分房租也构成了农民工的沉没成本。房租是指农民工每年因为打工而花费的房屋租金。受访农民工中，55.2%的农民工不需要支付房租，15.4%的农民工每年支付1000元以下的房租，19.3%的农民工每年花费1000~3000元房租，6.2%的农民工每年房租为3000~5000元，3.9%的农民工每年需要支付5000元以上的房租。高额的房屋租金增加了农民工的生活成本，是沉没成本的重要组成部分，提高了农民工的收入获取成本。

农民工因为打工从乡村迁移到城市，需要重新购置的生活用品费用也是沉没成本的组成部分。受访农民工中，只有17.6%的受访农民工没有重新购置生活用品，16.7%的农民工每年花费100元以下重置生活用品，29%的农民工每年花费100~300元重新采购生活用品，15.8%的农民工每年花费301~500元重置生活用品，15.2%的农民工花费501～700元生活用品重置费，5.7%的农民工每年生活重置费在700元以上。生活重置费同样增加了农民工的额外成本，降低了其收入质量。

## 3.6 农民工收入知识性的现实状况分析

受教育程度、培训以及技术等人力资本变量对农民工收入有显著影响。农民工知识含量通常以受教育程度和技能培训为衡量指标。从受教育程度来看，农民工的平均学历大约是初中，学历程度普遍不高。受访农民工中，94.3%的农民工学历程度可以胜任目前工作。拥有更高教育水平的农民工通常拥有更多收入，受教育程度偏低对农民工收入质量有负面影响。从技能水平来看，未接受过任何职业培训或者接受职业培训时间过短的人占据农民工的大部分比例，这导致农民工收入的知识含量过低，影响其收入质量提高。农民工自身所拥有技能水平与行业技能要求之间尚存在一定差距，农民工需要不断提升自己的技能水平以适应行业发展，进而取得更好的收入质量。

### 3.6.1 受教育程度

农民工的受教育情况见表3-20。受访农民工中，2.9%的人没有上过学，9%的人小学肄业，10.8%的人小学毕业，8.1%的人初中肄业，37.8%的人初中毕业，5.3%的人高中肄业，13.2%的人高中毕业，5.9%的人职专或中专毕业，7%的人拥有大学学历。可见，农民工的平均学历大约是初中，学历程度普遍不高。受教育程度偏低对农民工收入质量有负面影响。

**表3-20 受教育程度调研**

| 项目 | | 频数/人 | 比例/% | 项目 | | 频数/人 | 比例/% |
|---|---|---|---|---|---|---|---|
| 最高教育程度 | 没上过学 | 16 | 2.9 | 学历是否胜任现有工作 | 超过现有工作要求 | 72 | 13.2 |
| | 小学肄业 | 49 | 9.0 | | 基本胜任 | 442 | 81.1 |
| | 小学毕业 | 59 | 10.8 | | 不能满足现有工作要求 | 31 | 5.7 |
| | 初中肄业 | 44 | 8.1 | 学历更高，收入更多 | 非常同意 | 164 | 30.1 |
| | 初中毕业 | 206 | 37.8 | | 同意 | 242 | 44.4 |
| | 高中肄业 | 29 | 5.3 | | 中立 | 86 | 15.8 |
| | 高中毕业 | 72 | 13.2 | | 不同意 | 49 | 9.0 |
| | 职专或中专 | 32 | 5.9 | | 非常不同意 | 4 | 0.7 |
| | 大专或大学 | 38 | 7.0 | | | | |

在询问“您的学历或教育背景能否胜任现有工作”调查选项中，13.2%的农

民工认为自己的学历超过现有工作要求，81.1%的农民工认为学历基本胜任现有要求，5.7%的农民工认为其学历不能满足现有工作要求。可见，农民工基本从事与自己的学历水平相当的工作。

受访农民工中，30.1%的人非常同意“如果我的学历程度更高的话，我能取得比现在更多的收入”这一说法，44.4%的人同意上述说法，15.8%的人持中立态度，有9.7%的人不同意这种说法。由此可见，受教育程度对农民工的收入质量影响重大，拥有更高教育水平的农民工通常拥有更多的收入。

### 3.6.2 技能水平

受访农民工中42.4%的人受过职业培训，57.6%的人没有受过职业培训。接受过职业培训的农民工中，44.1%的人受培训时间在一个月以下，25.2%的人接受培训时间在一到三个月，11.9%的人受培训时间在三个月到半年，18.8%的人受培训时间在半年以上。可见，未接受过任何职业培训或者接受职业培训时间过短的人占据农民工的大部分比例，这导致农民工收入的知识含量过低，影响其收入质量提高。

与务农时候相比，71.5%的农民工认为自己是有技能的，28.5%的农民工认为自己是没有技能的。在农民工技能水平自我评价表中，8.3%的农民工认为自己拥有高级技能，41.7%的农民工认为自己拥有中级技能，23.7%的农民工自认为拥有低级技能，26.4%的农民工认为自己仅拥有与农业技能水平相当的行业技能。而在农民工行业技能要求调查中（见表3-21），6%的农民工认为所从事行业有很高的技能要求，29.4%的农民工认为其所从事行业有较高的技能要求，45.7%的农民工从事行业有中等技能要求，14.7%的农民工从事行业有很低的技能要求，4.2%的农民工从事行业没有技能要求。可见，农民工自身所拥有技能水平与行业技能要求之间尚存在一定差距，农民工需要不断提升自己的技能水平

**表3-21 技能水平调研**

| 项目 | | 频数/人 | 比例/% | 项目 | | 频数/人 | 比例/% |
|---|---|---|---|---|---|---|---|
| 技能水平 | 高级 | 45 | 8.3 | 技能要求 | 一般 | 121 | 45.7 |
| | 中级 | 227 | 41.7 | | 很低 | 39 | 14.7 |
| | 低级 | 129 | 23.7 | | 不要求 | 11 | 4.2 |
| | 与农业相当 | 144 | 26.4 | 技能水平能否胜任现有工作 | 超过现有工作要求 | 84 | 15.4 |
| 技能要求 | 很高 | 16 | 6.0 | | 基本胜任 | 425 | 78.0 |
| | 较高 | 78 | 29.4 | | 不能满足现有工作要求 | 36 | 6.6 |

以适应行业发展，进而取得更好的收入质量。

受访农民工中，15.4%的农民工认为自己的技能水平能够胜任现有工作，78%的农民工认为自己的技能水平基本胜任现有工作，另有6.6%的农民工认为自己的技能水平不能胜任现有工作。

## 3.7 本章小结

为了获取农民工收入质量的翔实资料，调查问卷主要从人口特征、家庭经济特征、个人就业状况、获取成本和自我评价五个组成部分展开设计。根据2012年实地调研数据，本章系统分析了农民工收入质量的实际状况和潜在问题，并深刻剖析了农民工收入质量提升的五个效率维度。研究发现，农民工收入质量充足性较高，稳定性、结构性、成本性和知识性四个维度并不令人满意。客观现实状况表明，农民工收入质量滞后与数量上升的现象同时存在，两者之间存在不对称性。

具体到农民工收入充足性维度，大部分农民工收入集中在中低档次，高收入的农民工家庭一直占少数，但与全国同期水平相比农民工收入处于较高水平。2011年受访农民工月纯收入为885.83元。农民工收入主要的家庭用途是基本生活需要和子女教育，其次为盖房子及结婚和储蓄。农民工2009~2011年家庭收入状况统计中，有56%的人略有积蓄，28.4%的人收支基本持平，15.6%的农民工入不敷出。总体而言，2009~2011年农民工收入大于支出，收入充足性较高。

农民工收入稳定性水平不高。第一，从2009~2011年农民工家庭收入变化趋势来看，农民工收入稳定性总体状态并不令人满意。第二，从农民工工资状况来看，2011年与2010年相比，农民工的年工资变动幅度总体呈上升和稳定趋势，仅有极少数农民工年工资水平下降，农民工收入稳定性尚可。但是，20.2%的农民工工资领取方式不固定，36.4%的农民工不能按期领取工资，17.4%的农民工未能足额领取工资，42.6%的农民工不能全部追回其被拖欠的工资、医疗费，这些数据反映了农民工工资收入不稳定的实际状况。第三，从农民工就业状况来看，农民工更换行业和工作单位频繁，就业单位性质大部分为私企和个体户，绝大部分是临时工或合同工，57.7%的农民工从事工人岗位，从事行业是较苦重的体力劳动，57.4%的农民工未与单位签订用工合同，24.7%的农民工认为合同对保障收入作用不重要，56%的用人单位不会全额支付因发生工伤事故而导致的医疗费用，农民工维权意识薄弱。以上状况客观反映了农民工收入稳定性不高。

农民工收入结构存在不合理之处。受访对象中，84.4%的农民工认为农业收入不构成其主要收入来源，88.9%的农民工认为打工收入是其主要收入来源之一，65.9%的农民工认为打工收入占其总收入的比例为70%以上，打工收入已经构成农民工总收入比例最大的收入来源。财产性收入和转移性收入在农民工总收入结构中比例偏低。现阶段，农民工收入结构不甚合理，来源多样化和来源比重仍需调整，收入结构未达到最优化配置干预到农民工收入质量的改进。

农民工收入获取成本偏高。现阶段农民工的税费负担过重，机会成本损失大，社会资本成本高，包括搜寻成本和信息成本在内的交易成本、探亲耗费时间长且路费高的亲情成本、包括房租和生活用品重置费在内的沉没成本等项目直接增加了农民工的获取成本，并影响其收入质量。

农民工收入知识含量偏低。从受教育程度来看，农民工的平均学历大约是初中，学历程度普遍不高。94.3%的农民工学历程度可以胜任目前工作，拥有更高教育水平的农民工通常拥有更多收入，受教育程度偏低对农民工收入质量有负面影响。从技能水平来看，未接受过任何职业培训或者接受职业培训时间过短的人占据农民工的大部分比例，农民工自身所拥有技能水平与行业技能要求之间尚存在一定差距，农民工需要不断提升自己的技能水平以适应行业发展，进而取得更好的收入质量。

# 4 相较于农民的农民工收入质量自我评估

系统评估不同维度农民工收入质量和自我感知，可以探知农民工收入的真实状况和测评满意度，为提升农民工收入找到更好的突破口，使决策部门在采取措施改进农民工收入数量及质量时更加有的放矢。在无参照物无摩擦力的真空状态下单纯分析农民工收入质量未免有失偏颇，目前可考资料下主要将农民工分别与单纯从事农业活动无工资性收入的农民和完全脱离土地种植业主要依赖工资性收入的城镇居民相比较，这样可以更好窥见身兼种植业和打工两种工作状态并同时获得两种收入来源的农民工真实收入感知。随着市场经济发展，更多农民工收入来自工资性收入而非农业经营收入。理论假设农民工收入处于“比上不足比下有余”的中间地带，即农民工收入质量满意度比农民高但比城镇居民低。本部分首先系统分析在参照物是农民的前提下，农民工收入的充足性、稳定性、结构性、成本性、知识性和总体评价；继而应用来自十个省份的545份有效调研数据对农民工收入质量进行Logit分析，其中针对个人特征、家庭经济特征和收入特征等三方面影响因素从收入的充足性、结构性、稳定性、成本性、知识性五个维度和总体角度对农民工收入质量进行深入剖析最后得出相应结论。

## 4.1 相较于农民的农民工收入质量总体评价

根据本书545份有效调查数据，在比较对象是农民的前提下，分别从五维度及总体角度对农民工收入进行总体评价。结果发现，与农民相比，农民工对自身收入充足性、稳定性、结构性和知识性感到满意，对自身收入成本性感到不满意，即农民工认为自己的收入获取成本比农民高。总体而言，与农民相比，农民工对其收入质量感到满意。

### 4.1.1 农民工收入充足性的自我评价

与农民相比，受访对象中有7.2%的农民工非常同意“我对自己的收入总额感到满意”这一说法，36%的农民工基本同意上述说法，30.8%的农民工保持中立态度，21.3%的农民工认为自己的收入总额满意度并不比农民高，4.8%的农民工强烈反对“与农民相比，我对我的收入总额感到满意”这一说法。总之，43.2%的农民工对自己的收入总额满意度比农民高，26.1%的农民工对自己的收入总额满意度比农民低，其余农民工持中立态度。认同“与农民相比，我对我的收入总额感到满意”这一说法的农民工多于不认同这一说法的人。与农民相比，农民工对其收入充足性感到满意的比例占上风。农民工收入充足性的自我评价情况见表4-1。

**表4-1 与农民相比，农民工收入质量及五维度满意状况比例** (%)

| 五维度及收入质量 | 充足性 | 稳定性 | 结构性 | 成本性 | 知识性 | 收入质量 |
|---|---|---|---|---|---|---|
| 非常同意 | 7.2 | 10.1 | 9.5 | 6.4 | 30.1 | 5.5 |
| 同意 | 36.0 | 44.4 | 36.7 | 28.3 | 44.4 | 33.8 |
| 中立 | 30.8 | 21.7 | 22.6 | 23.9 | 15.8 | 33.4 |
| 不同意 | 21.3 | 21.3 | 27.2 | 35.0 | 9.0 | 23.9 |
| 非常不同意 | 4.8 | 2.6 | 4.0 | 6.4 | 0.7 | 3.5 |
| 总体 | 100.0 | 100.0 | 100.0 | 100.0 | 100.0 | 100.0 |

### 4.1.2 农民工收入稳定性的自我评价

受访对象中，10.1%的农民工非常同意“我的家庭收入比农民稳定”，44.4%的农民工基本同意这一观点，21.7%的农民工不置可否，21.3%的农民工不认为其家庭收入比农民稳定，2.6%的农民工非常不认同这一说法。总之，54.5%的农民工认为其家庭收入比农民稳定，21.9%的农民工不认为其家庭收入比农民稳定，其余人持中立态度。与农民相比，对其收入稳定性感到满意的农民工占多数。农民工收入稳定性的自我评价情况见表4-1。

### 4.1.3 农民工收入结构性的自我评价

家庭收入通常由家庭经营性纯收入、劳动报酬收入、转移性收入和财产性收入四部分组成。农民的家庭收入构成中，通常家庭经营性纯收入占主导地位；而农民工的家庭收入中，通常劳动报酬收入所占比例最高。受访对象中，9.5%的农民工非常同意“我的收入结构比农民合理”这一观点，36.7%的农民工基本同意这一观点，22.6%的农民工没有明确态度，27.2%的农民工不同意“我的收入结构比农民合理”，4%的农民工非常不同意上述观点。总之，46.2%的农民工认为自己的收入结构比农民合理，31.2%的农民工认为自己的收入结构没有农民合理，其余人持中立态度。与农民相比，对自身收入结构性感到满意的农民工比例较多，这与农民工收入渠道来源多样化相关。农民工收入结构性的自我评价情况见表4-1。

### 4.1.4 农民工收入成本性的自我评价

与农民相比，受访对象中有6.4%的农民工非常同意“取得同等收入，我实际花费成本比农民低”的说法，28.3%的农民工基本同意这一说法，23.9%的农民工认为自己的获取成本与农民没有明显差别，35%的农民工不同意“取得同等收入，我实际花费成本比农民低”，6.4%的农民工极其反对这一说法。总之，34.7%的农民工认为同等收入条件下其实际花费成本比农民低，41.4%的农民工认为同等收入条件下其实际花费成本比农民高，23.9%的人持中立态度。可见，农民工对自身的收入获取成本较不满意，获取成本过高在很大程度上影响了农民工收入质量。农民工收入成本性的自我评价情况见表4-1。

### 4.1.5 农民工收入知识性的自我评价

知识含量是农民工收入质量和收入可持续性的内在决定因素。受访对象中，30.1%的农民工非常认同“如果我的学历更高，我能取得比现在更多的收入”，44.4%的农民工基本认同这一说法，15.8%的农民工不置可否，9%的农民工不同意学历越高收入越高，0.7%的农民工非常不同意这一说法。总之，74.5%的农民工认为如果自己拥有更高的学历则会取得更多收入。农民工收入知识性的自我评价情况见表4-1。

### 4.1.6 农民工收入质量的自我评价

在Likert五级量表中，与农民相比，5.5%的农民工对自己的收入质量感到非常满意，33.8%的农民工对其收入质量感到基本满意，33.4%的人未明确表态，23.9%的农民工对自己的收入质量感到不满意，3.5%的农民工对自己的收入质量感到非常不满意。总之，与农民相比，39.3%的农民工对自己的收入质量感到满意，27.4%的农民工对自己的收入质量感到不满意。以绝对数量而言，农民工认为自己的总体收入质量比农民好。

## 4.2 相较于农民的农民工收入五维度评估

### 4.2.1 相较于农民的农民工收入充足性自我评估

农民工收入质量充足性即农民工收入数量充足性。质量指的是农民工收入的好坏或优劣程度，而数量是指农民工收入的多寡水平。本节选取个人特征、家庭因素和收入特征等方面影响因素对农民工收入质量充足性进行理论分析，并选取合适变量建立二元Logit模型对农民工收入质量充足性满意程度进行评价，最后对统计结果进行评估及检验。

#### 4.2.1.1 农民工收入充足性影响因素的理论分析

A 个人特征变量

（1）性别。一方面农村男性务工人员作为其家庭经济支柱性角色和主要收入来源获得者其收入水平通常高于农村女性劳动者，男性农民工收入数量充足性可能比女性劳动人员略高；另一方面女性农民工往往由于较低的心理期望值而拥有较强的收入充足性满意度。因此性别对于农民工收入充足性的影响方向不确定。

（2）年龄。年龄较大的农民工拥有更丰富的工作经验和更高级的职业技能，他们的就业渠道更多更稳固并且大多数人从事熟练工种。从这个角度看年龄较大的农民工收入充足性满意度可能高于新一代年轻农民工。但是年轻农民工拥有较高的受教育水平、网络信息获取能力、适应能力和学习能力，因此可能拥有更高的收入充足性满意程度。年龄对农民工收入充足性满意度的影响方向不确定。

（3）婚姻。已婚农民工有更多意愿和责任照顾其他家庭成员，这可能刺激其追求更高水平收入；然而，照顾老幼家庭成员的压力又会分散其工作精力。未婚的农民工可能因为较少的压力和较低的收入期望值而拥有更高的收入充足性满意度。因此婚姻状况对农民工收入充足性满意度的影响方向不明确。

（4）受教育程度和技能水平。受教育程度和技能水平不仅影响农民工的收入充足性，还间接决定了其从事行业、就业层次以及生产效率。这两项指标也是知识含量的主要指标。理论上受教育最高程度和技能水平对农民工收入充足性存在积极促进作用。

B 家庭经济特征

（1）家庭规模。调查样本数据显示，受访农民工平均家庭规模为 4 人，家庭规模越大非劳动力人口越多。因而家庭人口较多可能导致其经济责任增大且收入效用分散。因而家庭规模较大对农民工收入充足性满意度可能存在稀释作用。

（2）户口现状。户口未迁移的农民工可能更多依赖第一产业的家庭经营收入，户口迁移到现工作地的农民工可能更多依赖第二或第三产业的工资性收入。目前我国第一产业部门生产率和劳动效率相对较低，因此户口已迁移的农民工可能拥有更多的劳动收入数量。

（3）打工地位置。我国东部地区经济发达程度、商业活跃水平和开放程度均高于西部地区，因此打工地位于东部地区的农民工收入充足性可能高于打工地位于西部的农民工。

C 收入特征变量

（1）2011 年家庭总收入。样本农民工 2011 年家庭总收入是否能满足其基本生产生活需要是判断农民工收入充足性的重要标准。理论上二者呈正相关关系。

（2）打工月收入。以受访农民工 2011 年平均月收入作为反映农民工收入充足性的另一指标。打工月收入对农民工收入质量存在正向影响。

（3）年工资变动幅度。以受访农民工2011年与2010年相比年工资变动幅度作为反映农民工收入稳定性的指标。年工资变动幅度与农民工收入充足性的影响关系不确定，一方面工资稳定或工资增长会提高农民工收入充足性满意程度，但另一方面较高的工资增长率并不意味着工资总量达到同行业较高水平。

（4）工作单位更换次数。农民工工作单位更换次数较多意味着其工作稳定性相对较低，频繁跳槽或离职往往增加其失业成本和重新寻找工作的食宿费、往返交通费以及服装、化妆、简历、通信等各项支出，从而可能对农民工收入充足性产生负向影响。

（5）打工收入占总收入比例。农民工收入结构与其收入数量之间关系密切。由于第三产业部门收益率高于第一产业，因此打工收入占总收入比例较高的农民工其收入充足性在理论上应高于打工收入占总收入比例较低的农民工。

（6）农业收入是否为主要收入来源。一方面同时以工资性收入和农业收入为主要收入来源的农民工比单纯以打工收入为主要收入来源的农民工收入渠道更广、收入结构更为协调、收入数量波动性更小，另一方面单纯以农业收入为主要收入来源的农民工比以打工收入为主要收入来源的农民工其资金回报率和劳动回报率可能较低。因此，是否以农业收入为主要收入来源对农民工收入充足性影响方向不确定。

（7）获取成本。理论上，获取成本与农民工收入充足性呈逆反方向影响。

（8）从事行业对健康损益。工作对健康状况损益通过两种方式影响收入分配：一是从事对健康有益行业的农民工拥有可持续发展能力和更好的健康回报率，从而可能提高收入数量充足性，二者呈良性互动循环模式；二是从事对健康有害行业的农民工可能因为高风险和高赔付而换取更高的工资收入，如煤矿工人，但是一旦健康损害达到某阈值，将会对收入充足性产生永久性不可逆的负向影响。因此，理论假设从事行业对健康有益的农民工其收入充足性较高。

#### 4.2.1.2 农民工收入充足性自我评估的模型设计与统计结果分析

##### A 农民工收入充足性自我评价的变量选取结果

（1）因变量。农民工收入充足性是否满意属于农民工主观感受的范畴。农民工收入充足性满意程度是二分离散变量。模型一中，$y=1$ 表示相较于农民，农民工对收入充足性满意；$y=0$ 表示相较于农民，农民工对收入充足性感到不满意。模型二中，$y=1$ 表示相较于城镇居民，农民工对收入充足性满意，$y=0$ 表示相较于城镇居民，农民工对其收入充足性感到不满意。

（2）自变量。选取个人特征中的性别（*GEN*）、年龄（*AGE*）、婚姻状况（*MAR*）、受教育最高程度（*EDU*）、技能水平（*SKI*），家庭特征中的家庭规模（*SCA*）、户口现状（*HUK*）、打工地位置（*LOC*）和收入特征中的2011年家庭总收入（*INC*）、打工月收入（*WAG*）、年工资变动幅度（*CHA*）、工作单位更换次数（*COM*）、打工收入占总收入比例（*PER*）、农业是否主要收入来源（*AGR*）、获取成本（*ACQ*）和从事行业对健康损益（*HEA*）等变量为自变量。

选取具体变量描述性统计见表4-2。

**表4-2 农民工收入质量及五维度选取自变量的描述性统计**

| 自变量名称 | | 自变量含义 | 均值 | 标准误 |
|---|---|---|---|---|
| 个人特征（*PE*） | 性别（*GEN*） | 男=1，女=2 | 1.18 | 0.38 |
| | 年龄（*AGE*） | 20岁及以下=1，21~30岁=2，31~40岁=3，41~50岁=4，51~60岁=5，61岁及以上=6 | 3.16 | 1.14 |
| | 婚姻状况（*MAR*） | 未婚=2，已婚=1 | 1.26 | 0.44 |
| | 最高受教育程度（*EDU*） | 大专或大学=9，职专或中专=8，高中毕业=7，高中肄业=6，初中毕业=5，初中肄业=4，小学毕业=3，小学肄业=2，没上过学=1 | 5.09 | 2.00 |
| | 技能水平（*SKI*） | 高级=1，中级=2，低级=3，与农业相当=4 | 2.68 | 0.95 |
| 家庭特征（*HOM*） | 家庭规模（*SCA*） | 按实际数目取值，单位：人 | 4.22 | 1.27 |
| | 户口现状（*HUK*） | 迁移到更好城市=3，迁移到现工作地=2，未迁移=1 | 1.07 | 0.30 |
| | 打工地位置（*LOC*） | 西部=3，中部=2，东部=1 | 2.55 | 0.81 |
| 收入特征（*REV*） | 2011年家庭总收入（*INC*） | 1万元以下=1，1~1.5万元=2，1.5~2万元=3，2~2.5万元=4，2.5~3万元=5，3~3.5万元=6，3.5~4万元=7，4万元以上=8 | 4.07 | 3.03 |
| | 打工月收入（*WAG*） | 400元以下=1，400~600元=2，1.5~2万元=3，2~2.5万元=4，2.5~3万元=5，3~3.5万元=6，3.5~4万元=7，4万元以上=8 | 4.95 | 1.77 |
| | 年工资变动幅度（*CHA*） | 增长20%以上=1，增长10%~20%=2，增长10%以内=3，没有明显变化=4，减少10%以内=5，减少10%~20%=6，减少20%以上=7 | 2.63 | 1.19 |
| | 工作单位更换次数（*COM*） | 没有换过=1，换过1次=2，换过2次=3，换过3次=4，换过4次=5，换过5次及以上=6 | 3.37 | 1.82 |
| | 打工收入占总收入比例（*PER*） | < 30% =1，31%~50%=2，51%~70%=3，71%~90%=4，>91%=5 | 3.80 | 1.18 |

续表 4-2

| 自变量名称 | | 自变量含义 | 均值 | 标准误 |
|---|---|---|---|---|
| 收入特征（*REV*） | 工资是否按期发放（*TIM*） | 基本按时 =1，有时延期 =2，经常延期 =3，无法领取 =4 | 1.49 | 0.74 |
| | 工资是否足额发放（*QUA*） | 是 =1，否 =2 | 1.21 | 0.46 |
| | 农业是否主要收入来源（*AGR*） | 是 =1，否 =2 | 1.83 | 0.40 |
| | 财产性收入和转移性收入（*PRO*） | 按实际数目取值，单位：元 | 1313.58 | 13383.23 |
| | 奖金或提成占工资收入比例（*BON*） | <10% =1，10% ~30% =2，31% ~60% =3，60% ~90% =4，>90% =5 | 1.16 | 1.16 |
| | 获取成本（*ACQ*） | 没有 =1，3000 元以下 =2，3000 ~5000 元 =3，5000 ~8000 元 =4，8000 ~10000 元 =5，1 万元以上 =6 | 3.05 | 1.59 |
| | 从事行业对健康损益（*HEA*） | 对健康有益 =4，基本无损害 =3，有较少损害 =2，损害较大 =1 | 2.40 | 0.73 |
| | 日工作时间（*HOU*） | 10 小时以上 =4，9 ~10 小时 =3，8 ~9 小时 =2，不足 8 小时 =1 | 2.75 | 0.95 |

B　农民工收入充足性自我评价的 Logit 模型设定

模型一和模型二的表达形式如下：

$$\ln\left[\frac{p(y_i=1)}{1-p(y_i=1)}\right]=\alpha_0+\alpha_1 GEN+\alpha_2 AGE+\alpha_3 MAR+\alpha_4 EDU+\alpha_5 SKI+\alpha_6 SCA+\alpha_7 HUK+\alpha_8 LOC+\alpha_9 INC+\alpha_{10} WAG+\alpha_{11} CHA+\alpha_{12} COM+\alpha_{13} PER+\alpha_{14} AGR+\alpha_{15} ACQ+\alpha_{16} HEA+\mu_i \tag{4-1}$$

式中，$i=1,2$；$y_1$ 和 $y_2$ 分别表示相较于农民和城镇居民的农民工收入质量充足性自我感知；$\alpha_0$ 为常数项；$\mu_i$ 为随机扰动项。模型中共引入 16 个自变量。

C　农民工收入充足性自我评价的 Logit 模型统计结果及分析

估计结果如表 4-3 所示。模型一“与农民相比，农民工对自己的收入充足性感到满意”。个人特征变量中，自变量年龄（*AGE*）在 5% 的显著性水平上通过统计检验并且符号为负，表明新一代年轻农民工比年长农民工更认同“收入充足性大于农民”的说法。婚姻状况（*MAR*）在 5% 的水平上通过显著性检验，表明与未婚农民工相比，已婚的农民工更认同其“收入充足性大于农民”的说法。受教育水平（*EDU*）对农民工收入充足性满意程度在 5% 的显著性水平上产生正向影响，表明最高受教育程度较高的农民工其收入充足性自我评价也较高。家庭特征变量中，户口现状（*HUK*）在 5% 的显著性水平上对农民工收入产生影响，表明与户口未迁移的农民工相比，户口已迁移到城市的农民工其收入充足性满意程度比农民更高。打工地位置（*LOC*）对农民工收入充足性在 5% 的显著性水平上产生影响，表明在东部地区就业的农民工其收入充足性满意程度高于在西部地区就业的农民工。收入特征变量中，2011 年家庭总收入（*INC*）和 2011 年农民工个人月工资收入水平（*WAG*）均在 1% 的显著性水平上对农民工收入充足性满意程度产生正向影响，表明 2011 年家庭年收入和个人月工资收入水平较低的农民工不认为自己的收入充足性高于农民，而 2011 年家庭年收入和个人月工资收入水平高的农民工认为其收入充足性高于农民。年工资变动幅度（*CHA*）在 1% 的显著性水平上对农民工收入充足性产生影响，表明年工资增长幅度较大的农民工更倾向于认为其收入充足性满意度高于农民。打工收入占总收入比例（*PER*）在 1% 的显著性水平上对农民工收入充足性产生正向影响，表明打工收入占总收入比例越高的农民工越倾向认为其收入充足性高于农民。获取成本（*ACQ*）对农民工收入充足性满意程度产生 5% 水平的显著性影响并且方向为负，表明获取成本越高的农民工越倾向于认为其收入充足性低于农民。

个体特征中的性别、技能水平，家庭特征中的家庭规模，收入特征中的工作单位更换次数、农业是否为主要收入来源、从事行业对健康损益等自变量并未对与农民相比农民工收入充足性满意程度产生显著影响。

总之，相比较年龄较大、未婚、受教育水平较低、户口未迁移、打工地位于西部、2011 年家庭总收入和月工资水平较低、年工资增长幅度较低、打工收入所占总收入比例较低、获取成本较高的农民工，年龄较小、已婚、受教育水平较高、户口已迁移到城市、打工地位于东部、2011 年家庭总收入和月工资水平较高、年工资增长幅度较大、打工收入所占总收入比例较高并且获取成本较低的农民工更倾向于认同其收入充足性满意度明显优于农民。

### 4.2.2　相较于农民的农民工收入稳定性自我评价

农民工收入质量稳定性即农民工收入在特定单位时间段内波动频率变化。本节选取个人特征、家庭经济特征和收入特征三方面影响因素对农民工收入质量稳定性进行理论剖析，并选取合适变量建立二元 Logit 模型对农民工收入质量稳定性满意程度进行评价，最后对统计结果进行评估及检验。

#### 4.2.2.1　农民工收入稳定性影响因素的理论分析

A　个人特征变量

（1）性别。传统意识里，男性务工人员在家庭收入获取角色中起主要作用，男性劳动力付出更多的时间和精力来维持家庭收入稳定性，并且较少因为生育和抚养子女而暂时中断工作，因此男性务工人员可能拥有更高的收入稳定性。家庭中女性农民工参加工作更好地维持了家庭收入总量，降低了收入波动性，因此性别对于农民工收入稳定性的影响方向不确定。

（2）年龄。年龄较大的农民工拥有更丰富的工作经验和更高级的职业技能，他们的就业渠道也相对多元化并且从事熟练工种。从这个角度看年龄较大的农民工收入稳定性满意度可能高于新一代年轻农民工。但是年轻农民工较少因为身体原因中断工作，并且拥有较高的受教育水平、网络信息获取能力、适应能力和学习能力，因此可能拥有更高的收入稳定性满意程度。

（3）婚姻。已婚农村劳动力工作范围距离家庭居住地较近，工作行业和意向较为明确，并且由于已婚农民工有更多责任照顾家庭因而追求稳定收入来源的意愿和动机更加强烈。未婚农民工可能由于更多的人身自由和不确定性导致其收入不稳定性增加。因此，已婚农民工可能拥有更高的收入稳定性满意水平。

（4）受教育最高程度和技能水平。受教育最高程度和技能水平不仅影响农民工行业、劳动效率和收入数目，而且还对农民工收入稳定性存在间接影响。理论上受教育最高程度和技能水平对农民工收入稳定性存在积极促进作用。

B 家庭特征变量

（1）家庭规模。家庭规模较大可能较好地应对经济危机和市场波动，转移就业压力和规避失业风险，从而可能更好地维持家庭收入稳定性。

（2）户口现状。户口未迁移的农民工大多同时从事农业生产，农业效益受天气和气候等因素影响，年收入波动幅度较大。户口迁移到现工作地的农民工工作机会较多，更多依赖工资性收入。因此，户口已迁移的农民工劳动收入可能更加稳定。

（3）打工地位置。我国东部地区经济发达程度、商业活跃水平和开放程度均高于西部地区，因此打工地位于东部地区的农民工收入稳定性可能高于打工地位于西部的农民工。

C 收入特征变量

（1）农民工2011年家庭总收入和个人打工月收入。这两项对农民工收入稳定性满意程度的影响方向不确定。一方面收入数量达到一定水平是满足农民工收入稳定性自我感知的必要条件，另一方面农民工可能会为了寻求更高收入而牺牲一定的工作稳定性，二者可能呈负相关关系。

（2）年工资变动幅度。以受访农民工2011年与2010年相比年工资变动幅度作为反映农民工收入稳定性的直接指标。理论上年工资变动幅度与农民工收入稳定性呈正相关关系。

（3）工作单位更换次数。农民工工作单位更换次数较多意味着其工作稳定性相对较低，频繁跳槽或离职往往增加其失业成本和重新寻找工作的食宿费、往返交通费以及服装、化妆、简历、通信等各项支出，因而对农民工收入稳定性产生负向影响。

（4）工资是否按期和足额领取。工资能够按期和足额领取的农民工比工资不能按期领取和经常被拖欠的农民工往往拥有更高的收入稳定性。理论上工资是否按期和足额领取对农民工收入稳定性影响方向一致。

（5）打工收入占总收入比例。农民工收入结构与其收入稳定性之间关系紧密。由于第三产业部门收益率高于第一产业，因此打工收入占总收入比例较高的农民工其收入稳定性在理论上应略高。

（6）农业收入是否为主要收入来源之一。一方面同时以工资性收入和农业收入为主要收入来源的农民工比单纯以打工收入为主要收入来源的农民工收入渠道更广，收入结构更为协调，收入数量波动性更小；另一方面单纯以农业收入为主要收入来源的农民工比以打工收入为主要收入来源的农民工其受天气、气候和自然灾害影响的可能性更大。因此，是否以农业收入为主要收入来源对农民工收入稳定性影响方向不确定。

（7）获取成本。理论上，获取成本与农民工收入稳定性呈逆反方向影响。

#### 4.2.2.2 农民工收入稳定性自我评价的模型设计与统计结果分析

A 农民工收入稳定性自我评价的变量选取结果

（1）因变量。理论上农民工收入稳定性满意程度与农民工的自我感知有关。农民工对收入稳定性满意程度是个虚拟离散变量。模型三中，相较于农民的农民工对收入质量稳定性结果为满意，因变量 = “1”；相较于农民的农民工对收入质量稳定性结果为不满意，因变量 = “0”。模型四中，相较于城镇居民的农民工对收入质量稳定性结果为满意，因变量 = “1”；相较于城镇居民的农民工对收入质量稳定性结果为不满意，因变量 = “0”。

（2）自变量。根据调查样本数据和基于对农民工收入稳定性的理论分析，选取个人特征中的性别（*GEN*）、年龄（*AGE*）、婚姻状况（*MAR*）、受教育最高程度（*EDU*）、技能水平（*SKI*），家庭特征中的家庭规模（*SCA*）、户口现状（*HUK*）、打工地位置（*LOC*）和收入特征中的2011年家庭总收入（*INC*）、打工月收入（*WAG*）、年工资变动幅度（*CHA*）、工作单位更换次数（*COM*）、工资是否按期发放（*TIM*）、工资是否足额发放（*QUA*）、打工收入占总收入比例（*PER*）、农业是否为主要收入来源（*AGR*）和获取成本（*ACQ*）等变量为自变量。

具体变量情况如表4-2所示。

B 农民工收入稳定性自我评价的Logit模型设定

本节采用Logit二元离散选择模型对农民工收入稳定性满意程度进行分析。模型三和模型四的具体表达形式如下：

$$\ln\left[\frac{p(y_i=1)}{1-p(y_i=1)}\right]=\beta_0+\beta_1 GEN+\beta_2 AGE+\beta_3 MAR+\beta_4 EDU+\beta_5 SKI+\beta_6 SCA+\beta_7 HUK+\beta_8 LOC+\beta_9 INC+\beta_{10} WAG+\beta_{11} CHA+\beta_{12} COM+\beta_{13} TIM+\beta_{14} QUA+\beta_{15} PER+\beta_{16} AGR+\beta_{17} ACQ+\mu_i \tag{4-2}$$

式中，$i=3$，4；$y_3$ 和 $y_4$ 分别表示相较于农民和城镇居民的农民工收入质量稳定性满意程度；$\beta_0$ 为常数项；$\mu_i$ 为随机扰动项。模型中共引入 17 个自变量。

C 农民工收入稳定性自我评价的 Logit 模型估计结果及检验

估计结果见表 4-3。模型三“与农民相比，农民工对自己的收入稳定性感到满意”。个人特征变量中，自变量性别（*GEN*）在 10% 的显著性水平上通过统计检验，表明女性农民工比男性农民工更认同“收入稳定性大于农民”的说法；婚姻状况（*MAR*）在 10% 的水平上通过显著性检验，表明与未婚农民工相比，已婚的农民工更认同其“收入稳定性大于农民”的说法；受教育水平（*EDU*）在 10% 的显著性水平上对农民工收入稳定性满意程度产生正向影响，表明受教育水平越高的农民工其收入稳定性自我评价越高；技能水平（*SKI*）在 10% 的显著性水平上对农民工收入稳定性满意程度产生正向影响，表明技能水平较高的农民工更倾向于认同其收入稳定性优于农民。收入特征变量中，年工资变动幅度（*CHA*）在 10% 的显著性水平上对农民工收入稳定性满意程度产生负向影响，表明年工资稳定性增长幅度较大的农民工更倾向于认同其收入稳定性高于农民的说法；工作单位更换次数（*COM*）在 10% 的显著性水平上对农民工收入稳定性满意程度产生负向影响，表明更换工作次数较少的农民工更倾向于认同其收入稳定性高于农民的说法；工资是否按期发放（*TIM*）和工资能否足额发放（*QUA*）均在 10% 的显著性水平上对农民工收入稳定性产生负向影响，表明工资能按期和足额领取的农民工更倾向于认同其收入稳定性高于农民；打工收入占总收入比例（*PER*）在 5% 的显著性水平上对农民工收入稳定性产生正向影响，表明打工收入占总收入比例越高的农民工越倾向于认为其收入稳定性高于农民；获取成本（*ACQ*）对农民工收入稳定性产生 5% 水平的显著性影响并且方向为负，表明获取成本越高的农民工越倾向于认为其收入稳定性低于农民。

**表 4-3 相较于农民的农民工收入质量五维度及总体评估的 Logit 模型统计结果**

| 变量 | 模型一（充足性） | 模型三（稳定性） | 模型五（结构性） | 模型七（成本性） | 模型九（知识性） | 模型十一（收入质量） |
|---|---|---|---|---|---|---|
| *GEN* | 0.586<br>(0.711) | 0.291*<br>(0.161) | -0.736**<br>(0.342) | 0.371***<br>(0.127) | -0.786<br>(0.595) | 0.00194*<br>(0.00112) |
| *AGE* | -1.025**<br>(0.430) | -0.322<br>(0.261) | 0.154**<br>(0.070) | 0.0790<br>(0.0990) | 0.249<br>(0.283) | 0.809**<br>(0.354) |

续表 4-3

| 变量 | 模型一（充足性） | 模型三（稳定性） | 模型五（结构性） | 模型七（成本性） | 模型九（知识性） | 模型十一（收入质量） |
|---|---|---|---|---|---|---|
| *MAR* | -1.699**<br>(0.798) | -1.424*<br>(0.750) | -0.030<br>(0.174) | -1.699**<br>(0.798) | -2.366***<br>(0.816) | -1.795**<br>(0.828) |
| *EDU* | 1.753**<br>(0.745) | 0.256*<br>(0.138) | -0.249<br>(0.201) | 0.952**<br>(0.469) | 0.291*<br>(0.161) | 0.723***<br>(0.221) |
| *SKI* | -0.122<br>(0.304) | -0.218*<br>(0.125) | -0.780**<br>(0.336) | -0.169<br>(0.124) | -0.218*<br>(0.125) | 0.00198*<br>(0.00111) |
| *SCA* | -0.0848<br>(0.174) | 0.262<br>(0.194) | -0.0269<br>(0.502) | 0.439***<br>(0.167) | 0.166<br>(0.595) | -1.047*<br>(0.612) |
| *HUK* | 1.025**<br>(0.430) | 0.568<br>(1.250) | -0.0798<br>(0.209) | 0.0587<br>(0.103) | 0.295<br>(0.241) | 0.267<br>(0.177) |
| *LOC* | -0.952**<br>(0.469) | -0.0838<br>(0.324) | -1.096***<br>(0.387) | -0.371***<br>(0.127) | -0.436**<br>(0.190) | -1.042***<br>(0.404) |
| *INC* | 0.424***<br>(0.158) | 0.568<br>(1.250) | 0.165**<br>(0.0783) | 0.407**<br>(0.180) | 0.187**<br>(0.0940) | 0.280*<br>(0.147) |
| *WAG* | 0.439***<br>(0.167) | -0.0838<br>(0.324) | 0.0700<br>(0.134) | -0.366***<br>(0.132) | 0.357**<br>(0.171) | 1.680**<br>(0.797) |
| *CHA* | -0.424***<br>(0.158) | -0.329*<br>(0.180) | | -0.0213<br>(0.179) | -0.510**<br>(0.260) | -0.713***<br>(0.214) |
| *COM* | -0.155<br>(0.155) | -1.222*<br>(0.677) | 0.160**<br>(0.0706) | -0.0934<br>(0.169) | -0.834<br>(1.308) | -1.278**<br>(0.574) |
| *TIM* | | -0.272*<br>(0.151) | | | | -0.211<br>(0.193) |
| *QUA* | | -0.282*<br>(0.161) | | | | -0.294*<br>(0.166) |
| *PER* | 0.393***<br>(0.183) | 0.436**<br>(0.190) | -0.193*<br>(0.116) | -0.359**<br>(0.179) | 0.552*<br>(0.314) | 1.735**<br>(0.775) |
| *AGR* | 0.331<br>(0.300) | -0.305<br>(0.204) | -0.191<br>(0.116) | -0.149<br>(0.142) | -0.158<br>(0.151) | 0.170*<br>(0.0962) |
| *PRO* | | | 0.0004*<br>(0.0002) | | | 0.0482<br>(0.0449) |
| *BON* | | | 0.783**<br>(0.336) | | | 1.283**<br>(0.565) |
| *ACQ* | -1.025**<br>(0.430) | -0.423**<br>(0.188) | -0.517***<br>(0.185) | -0.346*<br>(0.179) | -0.526**<br>(0.258) | -0.910*<br>(0.501) |
| *HEA* | -0.0612<br>(0.231) | | -0.179<br>(0.145) | -0.322*<br>(0.178) | -0.592***<br>(0.216) | -0.779***<br>(0.190) |

续表 4-3

| 变量 | 模型一（充足性） | 模型三（稳定性） | 模型五（结构性） | 模型七（成本性） | 模型九（知识性） | 模型十一（收入质量） |
|---|---|---|---|---|---|---|
| *HOU* | | | | -0.235<br>(0.193) | | -0.337**<br>(0.159) |
| Constant | 7.982**<br>(3.699) | 5.673**<br>(2.431) | 4.260**<br>(2.159) | 4.674*<br>(2.610) | | |
| log likelihood | -186.236 | -215.516 | -192.620 | -142.026 | -189.800 | -235.748 |
| Pseudo R2 | 0.658 | 0.759 | 0.680 | 0.716 | 0.673 | 0.819 |

注：括号内为标准误差；*** 表示 $p<0.01$，** 表示 $p<0.05$，* 表示 $p<0.1$。

个体特征中的年龄，家庭特征中的家庭规模、户口现状、打工地位置，收入特征中的 2011 年家庭总收入、月工资收入、农业是否为主要收入来源等自变量并未对与农民相比农民工收入稳定性满意程度产生显著影响。总之，相比较男性、未婚、受教育水平和技能水平较低、年工资增长幅度较低、工作单位更换次数较多、工资不能按期和足额领取、打工收入所占总收入比例较低、获取成本较高的农民工，女性、已婚、受教育水平和技能水平较高、年工资增长幅度较高、工作单位更换次数较少、工资能够按期和足额领取、打工收入所占总收入比例较高并且获取成本较低的农民工更倾向于认同其收入稳定性满意度明显优于农民。

### 4.2.3 相较于农民的农民工收入结构性自我评价

农民工的家庭收入来源主要包括家庭经营收入、工资性收入、财产性收入和转移性收入。这四项收入来源的比例分配和优化组合即为农民工收入的结构性体现。我国正处于二元经济转型时期，提高农民工收入质量的关键要素之一就是要将依靠速度和规模的增长模式转变为依靠质量和结构优化的增长模式。农民工收入结构是否合理不仅决定了收入增长的效益，而且还影响着收入增长的稳定性和可持续性。本书对农民工收入质量结构性进行理论分析，并选取合适变量建立二元 Logit 模型对农民工收入质量结构性满意程度进行评价，最后对统计结果进行评估及检验。

#### 4.2.3.1 农民工收入结构性影响因素的理论分析

A 个人特征变量

（1）性别。男性务工人员是家庭收入的支柱，其工资性收入占总体收入比例较高。由于传统农业耕作方式需要较大的劳动力支出，因此男性农民工从事农业经营的比例也较女性农民工多。但女性农民工可能拥有更多的政府救济和补助，这部分转移性收入优化了其收入结构。因此性别对农民工收入结构性满意程度的影响方向不确定。

（2）年龄。年龄较大的农民工往往同时拥有职业技能和农业技能，他们在从事打工获取工资性收入的同时并没有脱离土地经营，并且由于其资产累积更有可能拥有房屋租赁等财产性收入。而年轻的农民工更适应从事新兴职业从而拓宽了其就业渠道，并且由于其从事农业生产意愿较低，他们往往更倾向于将土地所有权转让或者出租从而获取租金。因此年龄对农民工收入结构性满意程度的影响方向不明确。

（3）婚姻。已婚农民工由于拥有一个完整的家庭单元，他们往往更倾向于保留耕地，因而形成农忙时从事农业生产农闲时外出务工的弹性收入机制。未婚农民工则可能更专注留在城市从事打工活动而把土地经营的任务交给留守在老家的父母或其他家庭成员完成。因此，理论上已婚农民工可能拥有更为优化的收入结构组合。

（4）受教育程度和技能水平。受教育水平较高并且拥有较强技能水平的农民工工作选择范围更加广泛，收入来源渠道更加多元化。因此，受教育最高程度和技能水平对农民工收入结构性满意程度存在正向影响。

B　家庭经济特征变量

（1）家庭规模。较大的家庭规模可能存在更多的非劳动力人口，从而分散了家庭劳动力人口从事多种职业的工作时间和精力。家庭规模可能对农民工收入结构性存在反向影响。

（2）户口现状。户口未迁移的农民工除拥有工资性收入以外还依赖第一产业的家庭经营收入，户口迁移到现工作地的农民工可能更多只依赖第二或第三产业的工资性收入。因此户口未迁移的农民工劳动收入结构可能更加多元化。

（3）打工地位置。一方面我国东部地区经济发达程度、商业活跃水平和开放程度均高于西部地区，因此打工地位于东部地区的农村劳动力工资性收入来源渠道可能更加多元化。另一方面打工地位于西部地区的农民工纯粹脱离农业生产经营的比例较低。因此打工地位置对于农民工收入结构性满意程度的影响方向不确定。

C　收入特征变量

（1）农民工 2011 年家庭总收入和个人打工月收入。这两项对农民工收入结构性满意程度的影响方向不确定。一方面收入数量充足性有利于农民工扩展其就业渠道和视角，另一方面单一就业结构尤其是以工资性收入为主的农民工更容易获得高级职业能力，而高度的专业化对收入水平的提高利大于弊。因此，收入数量对收入结构性满意度影响方向不确定。

（2）工作单位更换次数。农民工工作单位更换次数较多意味着农民工可能经历了较多的行业和地域，拥有更多元化的工作技能和适应多种行业的生存能力。因此工作单位更换次数对农民工收入结构性满意程度产生正向影响。

(3) 打工收入占总收入比例。打工收入占总收入比例可能对农民工收入结构性满意程度存在负向影响。打工收入占总收入比例越高，其收入来源渠道越单一，失业风险较大，其收入结构进一步合理化空间更大。因此在理论上打工收入占总收入比例较高的农民工其收入结构性满意程度略低。

(4) 农业收入是否为主要收入来源之一。一方面同时以工资性收入和农业收入为主要收入来源的农民工比单纯以打工收入为主要收入来源的农民工收入渠道更广，收入数量波动性更小，收入结构更为协调；另一方面单纯以农业收入为主要收入来源的农民工比以打工收入为主要收入来源的农民工其受天气、气候和自然灾害影响的可能性更大。因此，是否以农业收入为主要收入来源对农民工收入结构性满意程度影响方向不确定。

(5) 财产性收入和转移性收入。财产性收入和转移性收入可以优化农民工收入结构，对农民工收入起到“旱涝保收”的作用，除工资性收入和土地经营收入之外同时拥有财产性收入和转移性收入两项收入来源的农民工比单纯依靠工资性收入或农业经营收入的农民工具有更强的风险抵御能力。理论上财产性收入和转移性收入对农民工收入结构性满意程度具有正向影响。

(6) 绩效奖金或业绩提成占工资收入比例。奖金或提成是农民工因为超额劳动和增收节支而获取的劳动报酬，奖金或提成占工资性收入比例较高的农民工工资水平受物价水平影响较小，收入结构更为合理化。理论上绩效奖金或业绩提成占工资收入比例较高的农民工其收入结构性满意程度更高。

(7) 获取成本。从理论上推断，获取成本对农民工收入结构性满意程度存在负向影响。

(8) 从事行业对健康损益。从事对健康有益行业的农民工拥有可持续发展能力和更好的健康回报率，更可能从事多种经营，从而可能拥有更加合理化和优化的收入结构层次，二者呈良性互动循环模式。因此，理论假设从事行业对健康有益的农民工其收入结构性满意程度较高。

#### 4.2.3.2 农民工收入结构性自我评估的模型设计和统计结果分析

##### A 农民工收入结构性自我评价的变量选取结果

(1) 因变量。农民工对收入结构性满意程度界定属于农民工主观感受的范畴。农民工对收入结构性满意程度是个虚拟离散变量。模型五中，$y=1$ 表示相较于农民的农民工收入质量结构性结果为满意；$y=0$ 表示相较于农民的农民工收入质量结构性结果为不满意。模型六中，$y=1$ 表示相较于城镇居民的农民工收入质量结构性结果为满意；$y=0$ 表示相较于城镇居民的农民工收入质量结构性结果为不满意。

（2）自变量。选取个人特征中的性别（*GEN*）、年龄（*AGE*）、婚姻状况（*MAR*）、受教育最高程度（*EDU*）、技能水平（*SKI*），家庭特征中的家庭规模（*SCA*）、户口现状（*HUK*）、打工地位置（*LOC*）和收入特征中的2011年家庭总收入（*INC*）、打工月收入（*WAG*）、工作单位更换次数（*COM*）、打工收入占总收入比例（*PER*）、农业是否主要收入来源（*AGR*）、转移性收入和财产性收入（*PRO*）、绩效奖金或业绩提成占工资收入比例（*BON*）、获取成本（*ACQ*）和从事行业对健康损益（*HEA*）等变量为自变量。

具体变量情况见表4-2。

B 农民工收入结构性自我评价的Logit模型设定

本节采用Logit二元离散选择模型对农民工收入结构性满意程度进行分析。模型五和模型六的具体表达形式如下：

$$\ln\left[\frac{p(y_i=1)}{1-p(y_i=1)}\right]=\gamma_0+\gamma_1 GEN+\gamma_2 AGE+\gamma_3 MAR+\gamma_4 EDU+\gamma_5 SKI+\gamma_6 SCA+\gamma_7 HUK+\gamma_8 LOC+\gamma_9 INC+\gamma_{10} WAG+\gamma_{11} COM+\gamma_{12} PER+\gamma_{13} AGR+\gamma_{14} PRO+\gamma_{15} BON+\gamma_{16} ACQ+\gamma_{17} HEA+\mu_i \tag{4-3}$$

式中，$i=5$，6；$y_5$ 和 $y_6$ 分别表示相较于农民和城镇居民的农民工收入质量结构性自我感知；$\gamma_0$ 为常数项；$\mu_i$ 为随机扰动项。模型中共引入17个自变量。

C 农民工收入结构性自我评价的Logit模型统计结果及分析

估计结果见表4-3。模型五“与农民相比，农民工对自己的收入结构性感到满意”。个人特征变量中，自变量性别（*GEN*）在5%的显著性水平上对农民工收入结构性产生影响，表明女性农民工比男性农民工更认同“收入结构性大于农民”的说法；年龄（*AGE*）在5%的水平上通过显著性检验，表明与年轻农民工相比，年龄较大的农民工更认同其“收入结构性大于农民”的说法；技能水平（*SKI*）在5%的显著性水平上对农民工收入结构性产生正向影响，表明技能水平较高的农民工更倾向于认同其收入结构性优于农民。家庭特征变量中，打工地位置（*LOC*）在1%的显著性水平上对农民工收入结构性满意程度产生影响，表明就业地区在东部的农民工拥有更合理的收入结构。收入特征变量中，2011年家庭总收入（*INC*）在5%的显著性水平上对农民工结构性产生正向影响，表明家庭总收入越高的农民工越倾向于认同其收入结构满意度高于农民的说法；工作单位更换次数（*COM*）在5%的显著性水平上对农民工收入结构性满意程度产生正向影响，表明更换工作次数较多的农民工更倾向于认同其收入结构性高于农民的说法；打工收入占总收入比例（*PER*）在10%的显著性水平上对农民工收入结构性产生负向影响，表明打工收入占总收入比例越低的农民工越倾向于认为其收入结构性高于农民；财产性收入和转移性收入（*PRO*）在10%的显著性水平上对农民工收入结构产生正向影响，表明财产性收入和转移性收入越多的农民工其收入结构自我评价越倾向于满意；奖金或提成所占工资性收入比例（*BON*）在5%的显著性水平上对农民工收入结构产生正向影响，表明奖金或提成占工资性收入比例较高的农民工更倾向于认同其收入结构优于农民的说法；获取成本（*ACQ*）对农民工收入结构性产生1%水平的显著性影响并且方向为负，表明获取成本越高的农民工越倾向于认为其收入结构性低于农民。

个体特征中的婚姻状况、受教育程度，家庭特征中的家庭规模、户口现状，收入特征中的月工资收入、农业是否为主要收入来源、从事行业对健康损益等自变量并未对与农民相比农民工收入结构性满意程度产生显著影响。总之，相比较男性、年龄较小、技能水平较低、打工地位于西部、2011年家庭总收入较低、工作单位更换次数较少、打工收入所占总收入比例较高、财产性收入和转移性收入较少、奖金或提成占工资性收入比例较低、获取成本较高的农民工，女性、年龄较大、技能水平较高、打工地位于东部、2011年家庭总收入较高、工作单位更换次数较多、打工收入所占总收入比例较低、财产性和转移性收入较多、奖金或提成占工资性收入比例较高，并且获取成本较低的农民工更倾向于认同其收入结构性满意度明显优于农民。

### 4.2.4 相较于农民的农民工收入成本性自我评价

农民工要付出人力财力物力以取得收入之外，在求职直到取得最后收入中间还要支付各种税费，还存在机会成本、交易成本和社会资本成本等，以上各种农民工支付的成本可以作为农民工收入的获取成本加以解释。生产成本主要是从全要素生产率的角度来测算，不在本节的讨论范畴之内。获取成本具有多种表现形式，可以理解为显性成本也可以理解为隐性成本，有时是物质成本有时是精神成本，还存在有形成本和无形成本之分。单纯从数量角度探讨农民工收入问题时，大量学者将获取成本和生产成本混为一谈，然而从质量的宏观角度讨论农民工收入状况时，获取成本发挥了很大作用并在现实中客观存在，并且获取成本与农民工收入质量呈反向影响关系。本节选取个人特征、家庭经济特征和收入特征等三方面影响因素对农民工收入质量成本性进行理论分析，并选取合适变量建立二元Logit模型对农民工收入质量成本性满意程度进行评价，最后对统计结果进行评估及检验。

#### 4.2.4.1 农民工收入成本性影响因素的理论分析

A 个人特征变量

(1) 性别。男性务工人员由于其身体自然属性通常比女性务工人员在家务农的土地生产率更高，因此其从事打工工作的机会成本更大。因此男性农民工可能对其收入成本性满意程度较低。

（2）年龄。年龄变量对农民工收入成本性具有反向影响。年龄较小的农民工因为其就业稳定性和工作经验相对欠缺而需要为求职花费的请客送礼费用、往返交通费、服装费、化妆费、通信费和生活用品重置费用高于年龄较大的农民工，以上项目增加了年轻农民工的社会资本成本和交易成本，导致其获取成本偏高。因此理论上年龄对农民工收入成本性满意程度具有正向影响。

（3）婚姻。婚姻对农民工收入成本性满意程度的影响方向不确定。一方面已婚农民工由于成年累月在外打工并且没有与配偶或子女一起居住而需要支付昂贵的路费和时间等亲情成本，另一方面已婚农民工可以分享彼此的社会关系网络而降低社会资本成本。

（4）受教育程度和技能水平。受教育程度较高并且拥有较强技能水平的农民工拥有电话、电脑和网络的比例明显高于受教育程度较低、技能水平较低的农民工，这表明受教育程度较高、技能水平较高的农民工的信息成本和交易成本更低。因此受教育程度和技能水平对农民工收入成本性具有反向影响，对农民工收入成本性满意程度具有正向影响。

B 家庭经济特征变量

（1）家庭规模。较大的家庭规模可能存在更多的非劳动力人口，其机会成本较低；另外家庭里其余劳动力人口的交易成本、社会资本成本、亲情成本和信息成本因多人分担而有所降低。家庭规模较大的农民工可能对其收入成本性自我评价更为满意。家庭规模可能对农民工收入成本性满意程度存在反向影响。

（2）户口现状。户口未迁移的农民工除拥有工资性收入以外还依赖第一产业的家庭经营收入，往返于家乡和工作地两地之间无形中增加了交通费用和亲情成本。户口迁移到现工作地的农民工更多家庭团聚，并且城市融入程度相对较高，其他相关成本也相应降低。理论上户口已迁移的农民工劳动收入成本可能更低，因此拥有更高的收入成本满意程度。

（3）打工地位置。我国东部地区经济发达程度、市场开放程度均高于西部地区，因此打工地位于东部地区的农村劳动力因就业信息公开、劳动保障制度健全而支付较少的交易费用。理论上打工地位置位于东部的农民工更倾向于认为其收入成本性满意程度高于农民。

C 收入特征变量

（1）农民工 2011 年家庭总收入和个人打工月收入。这两项对农民工收入成本性满意程度的影响方向不确定。一方面收入数量充足有利于农民工提高其心理满足感，另一方面农民工可能为了获取高收入支付了昂贵的获取成本，因此收入是否与成本同比提高才是判定农民工收入成本性满意程度的关键。

(2) 年工资变动幅度。年工资增长幅度较大的农民工其工作稳定性趋势增强，需支付的社会资本成本、交易成本、沉没成本减少。因此理论上年工资增长幅度与农民工收入成本满意程度成正比关系。

(3) 工作单位更换次数。农民工工作单位更换次数较多意味着农民工可能经历了更加频繁的跳槽或离职，以及寻找下一次工作中间的失业时期，并因此支付了更多的交通费用、通信费用、生活重置成本等交易费用。因而理论上工作单位更换次数对农民工收入成本性满意程度产生负向影响。

(4) 打工收入占总收入比例。打工收入占总收入比例对农民工收入成本影响方向不确定。一方面打工收入占总收入比例较高的农民工可能需要支付更高的机会成本、交易费用和亲情成本，另一方面以工资性收入为主的农民工往往因为其拥有更高的职业技能而降低其失业风险和寻找工作的交易成本。

(5) 农业收入是否为主要收入来源。同时以工资性收入和农业收入为主要收入来源的农民工比单纯以打工收入为主要收入来源的农民工收入机会成本较低、收入数量受市场经济波动影响更小。因此，是否以农业收入为主要收入来源对农民工收入成本性满意程度存在正向影响。

(6) 获取成本。从理论上讲，获取成本对农民工收入成本性满意程度存在负向影响。

(7) 从事行业对健康损益。从事对健康有害行业的农民工往往以身体健康为沉重代价获取收入，无形中增加了其医疗成本和健康成本消耗，二者呈恶性循环模式。因此，理论假设从事行业对健康有益的农民工其收入成本性满意程度较高。

(8) 日工作时间。日工作时间较长的农民工往往付出更多代价获取收入却并未得到相应的加班工资或补偿，其付出与所得不成正比加剧了其收入心理失衡感，因而额外增加了其获取成本。理论上日工作时间与农民工收入成本性满意程度成反比关系。

#### 4.2.4.2 农民工收入成本性自我评估的模型设计与统计结果分析

A 农民工收入成本性自我评价的变量选取结果

(1) 因变量。农民工收入成本性是否满意属于农民工自我感知的范畴。农民工收入成本性满意程度是个虚拟离散变量。模型七中，相较于农民，当农民工对其收入质量成本性结果感到满意时，因变量 = “1”；当农民工对收入质量成本性感到不满意时，因变量 = “0”。模型八中，$y=1$ 表示相较于城镇居民，农民工对收入质量成本性感到满意，$y=0$ 表示相较于城镇居民农民工对收入质量成本性感到不满意。

（2）自变量。选取个人特征中的性别（*GEN*）、年龄（*AGE*）、婚姻状况（*MAR*）、受教育最高程度（*EDU*）、技能水平（*SKI*），家庭特征中的家庭规模（*SCA*）、户口现状（*HUK*）、打工地位置（*LOC*）和收入特征中的2011年家庭总收入（*INC*）、打工月收入（*WAG*）、年工资变动幅度（*CHA*）、工作单位更换次数（*COM*）、打工收入占总收入比例（*PER*）、农业是否主要收入来源（*AGR*）、获取成本（*ACQ*）、从事行业对健康损益（*HEA*）和日工作时间（*HOU*）等变量为自变量。

具体变量情况见表4-2。

B　农民工收入成本性自我评价的Logit模型设定

本节采用Logit二元离散选择模型对农民工收入成本性满意程度进行分析。模型七和模型八的具体表达形式如下：

$$\ln\left[\frac{p(y_i=1)}{1-p(y_i=1)}\right]=\varepsilon_0+\varepsilon_1 GEN+\varepsilon_2 AGE+\varepsilon_3 MAR+\varepsilon_4 EDU+\varepsilon_5 SKI+\varepsilon_6 SCA+ \varepsilon_7 HUK+\varepsilon_8 LOC+\varepsilon_9 INC+\varepsilon_{10} WAG+\varepsilon_{11} CHA+\varepsilon_{12} COM+ \varepsilon_{13} PER+\varepsilon_{14} AGR+\varepsilon_{15} ACQ+\varepsilon_{16} HEA+\varepsilon_{17} HOU+\mu_i \tag{4-4}$$

式中，$i=7$，8；$y_7$ 和 $y_8$ 分别表示相较于农民和城镇居民的农民工收入质量成本性满意度自我感知；$\varepsilon_0$ 为常数项；$\mu_i$ 为随机扰动项。模型中共引入17个自变量。

C　农民工收入成本性自我评价的Logit模型统计结果及分析

估计结果见表4-3。模型七“与农民相比，农民工对自己的收入成本性感到满意”。个人特征变量中，自变量性别（*GEN*）在1%的显著性水平上通过统计检验，表明女性农民工比男性农民工更认同“收入成本性满意程度比农民更高”的说法，婚姻状况（*MAR*）在5%的水平上通过显著性检验，表明与未婚农民工相比，已婚农民工更认同其收入成本性满意程度大于农民的说法；受教育水平（*EDU*）在5%的显著性水平上对农民工收入成本性满意程度产生正向影响，这表明最高受教育水平较高的农民工更倾向于认同其收入成本性优于农民。家庭特征变量中，家庭规模（*SCA*）在1%的显著性水平上对农民工收入成本性产生正向影响，表明家庭规模较大的农民工更倾向于认为其收入成本性满意程度高于农民；打工地位置（*LOC*）在1%的显著性水平上对农民工收入成本性满意程度产生影响，表明在东部地区就业的农民工收入成本更低，收入成本满意程度更高。收入特征变量中，2011年家庭总收入（*INC*）在5%的显著性水平上对农民工成本性满意程度产生正向影响，表明家庭总收入越高的农民工越倾向于认同其收入成本性满意程度高于农民的说法；月工资收入（*WAG*）在1%的显著性水平上对农民工收入成本性产生负向影响，表明月工资收入较高的农民工更不认同其收入成本性满意程度高于农民的说法；打工收入占总收入比例（*PER*）在5%的显著性水平上对农民工收入成本性满意程度产生负向影响，表明打工收入占总收入比例越低的农民工越倾向于认为其收入成本性高于农民；获取成本（*ACQ*）对农民工收入成本性产生10%水平的显著性影响并且方向为负，表明获取成本越高的农民工越倾向于认为其收入成本性满意程度低于农民；从事行业对健康损益（*HEA*）在10%的显著性水平上对农民工收入成本性产生影响，表明从事行业对健康有益的农民工更倾向于认同其收入成本性满意程度高于农民的说法。

个体特征中的年龄、技能水平，家庭特征中的户口现状，收入特征中的年工资变动幅度、工作单位更换次数、农业是否为主要收入来源、日工作时间等自变量并未对与农民相比农民工收入成本性满意程度产生显著影响。总之，相比较男性、未婚、受教育水平较低、家庭规模较小、打工地位于西部、2011年家庭总收入较低、月工资收入较高、打工收入所占总收入比例较高、获取成本较高、从事对健康有害行业的农民工，女性、已婚、受教育水平较高、打工地位于东部、2011年家庭总收入较高、月工资收入较低、打工收入所占总收入比例较低、获取成本较低并且从事对健康有益行业的农民工更倾向于认同其收入成本性满意度明显优于农民。

### 4.2.5 相较于农民的农民工收入知识性自我评价

农民工的最高受教育程度和技能水平是组成知识含量的主要内容。二者不仅影响农民工收入获取的难易程度，也决定了农民工劳动生产率的高低和工作层次，还间接决定了农民工收入质量的稳定性和结构性。本节选取个人特征、家庭经济特征和收入特征等方面影响因素对农民工收入质量知识性进行理论分析，并选取合适变量建立二元Logit模型对农民工收入质量知识性满意程度进行评价，最后对统计结果进行评估及检验。

#### 4.2.5.1 农民工收入知识性影响因素的理论分析

A 个人特征变量

（1）性别。男性务工人员的受教育程度和技能水平通常比女性务工人员更高，其收入获取过程中蕴藏的知识含量更大。因此男性农民工可能对其收入知识性满意程度较高。

（2）年龄。年龄较大的农民工拥有更丰富的工作经验和更高级的职业技能水平，收入和就业渠道稳定性相对较高，因而收入获取更有保证。因此理论上年龄对农民工收入知识性满意程度具有正向影响。

（3）婚姻。一方面已婚农民工由于工作时间较长而积累了较为丰富的工作经验和较高的职业技能水平，另一方面新一代农民工往往拥有更高的受教育水平，而新一代农民工大多是未婚者。因此婚姻对农民工收入知识性满意程度的影响方向不确定。

（4）受教育程度和技能水平。教育和学习是投入产出值最大的投资。受教育水平较高并且拥有较强技能水平的农民工获取收入更容易，收入水平更稳定且成本更低。因此理论上知识含量对农民工收入知识性满意程度具有正向影响。

B 家庭经济特征变量

（1）家庭规模。较大的家庭规模可能存在更多人口挤占资源，从而可能稀释每个人的受教育机会可能性。在固定家庭收入下按利益均沾原则接受技能培训的人均支出也会下降，因此拉低农民工总体技能水平。家庭规模较小的农民工可能对其收入知识性自我评价更为满意。家庭规模可能对农民工收入知识性满意程度存在反向影响。

（2）户口现状。研究证明，教育层次更高的农民工具有更强烈的流动意愿和流动能力。户口已迁移的农民工其教育水平和技能水平通常比户口未迁移的农民工更高。因此户口已迁移的农民工劳动收入知识含量可能更高，因此其拥有更高的收入知识性满意度。

（3）打工地位置。我国东部地区经济发达程度、市场开放程度和文明程度均高于西部地区，打工地位于东部地区的农村劳动力因思想观念进步而更加重视教育投资和技能培训对收入的拉动效用。因此理论上打工地位置位于东部的农民工更倾向于认为其收入知识性满意程度高于农民。

C 收入特征变量

（1）农民工 2011 年家庭总收入和个人打工月收入。这两项对农民工收入知识性满意程度具有正向影响。一方面拥有较高文化水平和技能水平的农民工收入水平可能更高，另一方面收入充足性为农民工提高文化层次和技能水平提供坚实的经济保障。知识可以转化为金钱使二者呈良性循环。

（2）年工资变动幅度。年工资增长幅度较大的农民工更有能力支付进一步学习和培训的费用，也更有动力和意愿强化其职业技能。因此理论上年工资增长幅度与农民工收入知识性满意程度成正比关系。

（3）工作单位更换次数。农民工工作单位更换次数较多意味着农民工可能经历了更加频繁的跳槽或离职，不利于农民工工作经验的积累和职业生涯持续性稳定向前发展。因而理论上工作单位更换次数对农民工收入知识性满意程度产生负向影响。

（4）打工收入占总收入比例。打工收入占总收入比例对农民工收入知识性影响方向为正。单纯以工资性收入为主的农民工比从事农业经营收入的农民工技能要求水平更高。

（5）农业收入是否为收入主要来源之一。同时以工资性收入和农业收入为主要收入来源的农民工比仅依靠工资性收入为主的农民工收入知识含量更低。因此，农业收入是否为收入主要来源之一对农民工收入知识性满意程度存在负向影响。

（6）获取成本。理论上，获取成本对农民工收入知识性满意程度存在负向影响。

（7）从事行业对健康损益。一方面从事对健康有益行业的农民工更有动力学习和深造以维持和提高本行业从业资质，另一方面从事行业对健康有害的农民工也有通过加强教育和技能培训提高其收入的意愿。因此，从事行业对健康损益对农民工收入知识性满意程度的影响方向不确定。

#### 4.2.5.2 农民工收入知识性自我评估的模型设计与统计结果分析

A 农民工收入知识性自我评价的变量选取结果

（1）因变量。农民工收入知识性满意程度是个虚拟离散变量。模型九中，$y=1$ 表示相较于农民的农民工收入知识性结果为满意；$y=0$ 表示相较于农民的农民工收入知识性不满意。模型十表示比较对象是城镇居民时农民工收入知识性满意程度。

（2）自变量。选取个人特征中的性别（*GEN*）、年龄（*AGE*）、婚姻状况（*MAR*）、受教育最高程度（*EDU*）、技能水平（*SKI*），家庭特征中的家庭规模（*SCA*）、户口现状（*HUK*）、打工地位置（*LOC*）和收入特征中的2011年家庭总收入（*INC*）、打工月收入（*WAG*）、年工资变动幅度（*CHA*）、工作单位更换次数（*COM*）、打工收入占总收入比例（*PER*）、农业是否主要收入来源（*AGR*）、获取成本（*ACQ*）和从事行业对健康损益（*HEA*）等变量为自变量。

具体变量情况见表4-2。

B 农民工收入知识性自我评价的 Logit 模型设定

本节采用 Logit 二元离散选择模型对农民工收入知识性满意程度进行分析。模型九和模型十的具体表达形式如下：

$$\ln\left[\frac{p(y_i=1)}{1-p(y_i=1)}\right] = \eta_0+\eta_1 GEN+\eta_2 AGE+\eta_3 MAR+\eta_4 EDU+\eta_5 SKI+\eta_6 SCA+ \eta_7 HUK+\eta_8 LOC+\eta_9 INC+\eta_{10} WAG+\eta_{11} CHA+\eta_{12} COM+ \eta_{13} PER+\eta_{14} AGR+\eta_{15} ACQ+\eta_{16} HEA+\mu_i \tag{4-5}$$

式中，$i=9$，10；$y_9$ 和 $y_{10}$ 分别表示相较于城镇居民的农民工收入质量知识性满意程度；$\eta_0$ 为常数项；$\mu_i$ 为随机扰动项。模型中共引入16个自变量。

C 农民工收入知识性自我评价的 Logit 模型估计结果及检验

估计结果如表4-3所示。模型九“与农民相比，农民工对自己的收入知识性感到满意”。个人特征变量中，婚姻状况（*MAR*）在1%的水平上通过显著性检验，表明与未婚农民工相比，已婚农民工更认同其收入知识性满意程度大于农民的说法；受教育水平（*EDU*）在10%的显著性水平上对农民工收入知识性满意程度产生正向影响，表明受教育水平较高的农民工更倾向于认同其收入知识性优于农民；技能水平（*SKI*）在10%的显著性水平上对农民工收入知识性满意程度产生影响，表明技能水平越高的农民工越倾向于认为其收入知识性满意程度高于农民。家庭特征变量中，打工地位置（*LOC*）在5%的显著性水平上对农民工收入知识性满意程度产生影响，表明在东部地区就业的农民工收入知识性满意程度更高。收入特征变量中，2011年家庭总收入（*INC*）和月工资收入（*WAG*）在5%的显著性水平上对农民工知识性满意程度产生正向影响，表明家庭总收入和月工资水平越高的农民工越倾向于认同其收入知识满意程度高于农民的说法；年工资变动幅度（*CHA*）在5%的显著性水平上对农民工收入知识性满意程度产生影响，表明年工资增长幅度较大的农民工其收入知识性满意程度更高；打工收入占总收入比例（*PER*）在10%的显著性水平上对农民工收入知识性满意程度产生正向影响，表明打工收入占总收入比例越高的农民工越倾向于认为其收入知识性高于农民；获取成本（*ACQ*）对农民工收入知识性满意程度产生5%水平的显著性影响并且方向为负，表明获取成本越高的农民工越倾向于认为其收入知识性满意程度低于农民；从事行业对健康损益（*HEA*）在1%的显著性水平上对农民工收入知识性满意程度产生影响，表明从事行业对健康有益的农民工更倾向于认同其收入知识性满意程度高于农民的说法。

个体特征中的性别、年龄，家庭特征中的家庭规模、户口现状，收入特征中的工作单位更换次数、农业是否为主要收入来源等自变量并未对与农民相比农民工收入知识性满意程度产生显著影响。总之，相比较未婚、受教育程度和技能水平较低、打工地位于西部、2011年家庭总收入和月工资收入较低、年工资增长幅度较低、打工收入所占总收入比例较低、获取成本较高、从事对健康有害行业的农民工，已婚、受教育程度和技能水平较高、打工地位于东部、2011年家庭总收入和月工资收入较高、打工收入所占总收入比例较高、获取成本较低并且从事对健康有益行业的农民工更倾向于认同其收入知识性满意度明显优于农民。

## 4.3 相较于农民的农民工收入质量总体评估

农民工收入质量高主要表现在结构合理、数量充足、增长稳定、知识含量高、获取成本低。收入的充足性主要表现为能满足家庭的支出需求；稳定性主要表现为农民工的收入来源相对稳定；结构性主要表现为农民工有多种渠道优化组合的收入来源；知识性主要表现为有较高的知识含量和技能经验；成本性主要表现为获取收入的机会成本和交易费用。高质量的农民工收入不局限于五维度中的某一维度，而是农民工对其收入质量的总体评估。本节选取个人特征、家庭经济特征和收入特征等方面影响因素对农民工总体收入质量进行理论分析，并选取合适变量建立二元 Logit 模型对农民工总体收入质量满意程度进行评价，最后对统计结果进行评估及检验。

### 4.3.1 农民工收入质量影响因素的理论分析

#### 4.3.1.1 个人特征

（1）性别。农村男性劳动力往往比女性收入更为稳定、收入数量更高、收入获取更容易且知识含量更大。但女性农民工往往由于其拥有较低的心理期望值反而拥有更高的收入质量满意度。因此女性农民工对其收入质量满意程度可能较高。

（2）年龄。年龄变量对农民工收入成本性具有正向影响。年龄较大的农民工因为拥有更为丰富的工作经验和更高级的职业技能，往往从事熟练工种，就业渠道相对稳定，因而收入获取更有保证。另外年龄较大的农民工没有不切实际的心理期望值。因此理论上年龄对农民工收入质量满意程度具有正向影响。

（3）婚姻。婚姻对农民工收入质量满意程度的影响方向可能为正。虽然已婚农民工有更多责任照顾家庭，可能导致其收入质量降低，但是婚姻也会给农民工带来追求幸福生活的动力，妻子或丈夫也会共同承担家庭责任。

（4）受教育最高程度和技能水平。二者不仅可以促进农民工的收入数量，而且还从一定程度上决定了农民工的劳动生产率和行业层次与背景，并且对农民工收入稳定性和结构性的内在提升具有积极作用。因此理论上二者对农民工收入质量满意程度具有正向影响。

#### 4.3.1.2 家庭经济特征变量

（1）家庭规模。较大的家庭规模可能意味着存在更多的非劳动力人口挤占资源，从而可能稀释人均收入质量。家庭规模可能对农民工收入质量存在反向影响。家庭规模较小的农民工可能对其收入质量自我评价更为满意。

（2）户口现状。户口已迁移到现工作地或更好城市的农民工其城市适应度和融入度高于户口仍留在老家的农民工，户口状况为已迁移的农民工拥有更高的劳动收入质量，因此拥有更高的收入质量满意程度。

（3）打工地位置。我国东部地区经济发达程度、市场开放程度和文明程度均高于西部地区，打工地位于东部地区的农村劳动力面临的地理环境和人文环境也优于打工地位于西部地区的农民工。因此理论上打工地位置位于东部的农民工更倾向于认为其收入质量满意程度高于农民。

#### 4.3.1.3 收入特征变量

（1）2011 年家庭总收入和打工月收入。受访农民工 2011 年家庭总收入和个人月收入对农民工收入质量满意程度具有正向影响。收入总量即收入数量水平是否足够家庭需要是满足高质量农民收入的必要条件，收入充足性为农民工提高收入质量提供坚实的经济保障，理论上二者呈正相关关系。

（2）年工资变动幅度。年工资增长幅度较大的农民工对其收入充足性和稳定性的自我感知结果更为满意。年工资增长幅度较大对农民工收入质量心理认知有积极影响。因此理论上年工资增长幅度与农民工收入质量满意程度成正比关系。

（3）工作单位更换次数。农民工工作单位更换次数较多意味着农民工可能经历了更加频繁的跳槽或离职，不利于农民工工作经验的积累和职业生涯持续性稳定向前发展，影响农民工收入提高并增加其交易成本和寻找新工作的摩擦费用。因而理论上工作单位更换次数对农民工收入质量满意程度产生负向影响。

（4）工资是否能否按时和足额领取。工资能够按期和足额领取的农民工比工资不能按期和足额领取的农民工往往拥有更高的收入充足性稳定性和更低的收入获取成本。理论上二者对农民工收入质量满意程度具有正向影响。

（5）打工收入占总收入比例。一方面单纯以工资性收入为主的农民工比同时从事农业经营收入的农民工收入数量和知识含量更高，另一方面打工收入占总收入比例较高的农民工其收入结构和稳定程度可能低于同时从事家庭经营的农民工。打工收入占总收入比例对农民工收入质量满意程度影响方向不确定。

（6）农业收入是否为主要收入来源。同时以工资性收入和农业收入为主要收入来源的农民工比单纯以打工收入为主要收入来源的农民工收入结构更为稳定。但是农业投入产出率低于第三产业，以农业收入为主要收入来源的农民工成本高于主要以工资性收入为主的农民工。因此，是否以农业收入为主要收入来源对农民工收入质量满意程度存在负向影响。

（7）财产性收入和转移性收入。财产性收入和转移性收入不仅可以增加农民工收入数量，还可以优化农民工收入结构，对农民工收入起到“旱涝保收”的作用，除工资性收入和土地经营收入之外同时拥有上述两项收入来源的农民工比单纯依靠工资性收入或农业经营收入的农民工具有更强的风险抵御能力。理论上财产性收入和转移性收入对农民工收入质量满意程度具有正向影响。

（8）绩效奖金或业绩提成占工资收入比例。一方面奖金或提成增加收入不稳定性，但另一方面提成占工资性收入比例较高的农民工劳动积极性较高，收入结构更为合理。理论上绩效奖金或业绩提成占工资收入比例较高的农民工其收入质量满意程度更高。

（9）获取成本。理论上，获取成本对农民工收入质量满意程度存在负向影响。

（10）从事行业对健康损益。从事对健康有害行业的农民工往往以身体健康为沉重代价获取收入，无形中增加了其医疗成本和健康成本消耗，二者呈恶性循环模式。因此，理论假设从事行业对健康有益的农民工其收入质量满意程度较高。

（11）日工作时间。日工作时间较长的农民工往往付出更多代价获取收入却并未得到相应的加班工资或补偿，其付出与所得不成正比加剧了其收入心理失衡感，因而额外增加了其获取成本。理论上日工作时间与农民工收入质量满意程度成反比关系。

## 4.3.2 农民工收入质量自我评价的模型设定与估计结果分析

### 4.3.2.1 农民工收入质量自我评价的变量选取

（1）因变量。农民工收入质量满意程度属于农民工主观自我感受的范畴，是个虚拟离散变量。模型十一中，$y=1$ 表示相较于农民的农民工收入质量结果为满意；$y=0$ 表示相较于农民的农民工收入质量为不满意。模型十二中，$y=1$ 表示相较于城镇居民的农民工收入质量结果为满意；$y=0$ 表示相较于城镇居民的农民工收入质量为不满意。

（2）自变量。选取个人特征中的性别（*GEN*）、年龄（*AGE*）、婚姻状况（*MAR*）、受教育最高程度（*EDU*）、技能水平（*SKI*），家庭特征中的家庭规模（*SCA*）、户口现状（*HUK*）、打工地位置（*LOC*）和收入特征中的2011年家庭总收入（*INC*）、打工月收入（*WAG*）、年工资变动幅度（*CHA*）、工作单位更换次数（*COM*）、工资是否能够按时发放（*TIM*）、工资是否能够足额发放（*QUA*）、打工收入占总收入比例（*PER*）、农业是否主要收入来源（*AGR*）、财产性收入和转移性收入（*PRO*）、奖金或业绩提成占工资比例（*BON*）、获取成本（*ACQ*）、从事行业对健康损益（*HEA*）和日工作时间（*HOU*）等变量为自变量。

具体变量情况见表4-2。

### 4.3.2.2 农民工收入质量自我评价的 Logit 模型设定

本节采用 Logit 二元离散选择模型对农民工收入质量满意程度进行分析。模型十一和模型十二的具体表达形式如下：

$$\ln\left[\frac{p(y_i=1)}{1-p(y_i=1)}\right]=\theta_0+\theta_1 GEN+\theta_2 AGE+\theta_3 MAR+\theta_4 EDU+\theta_5 SKI+\theta_6 SCA+\theta_7 HUK+\theta_8 LOC+\theta_9 INC+\theta_{10} WAG+\theta_{11} CHA+\theta_{12} COM+\theta_{13} TIM+\theta_{14} QUA+\theta_{15} PER+\theta_{16} AGR+\theta_{17} PRO+\theta_{18} BON+\theta_{19} ACQ+\theta_{20} HEA+\theta_{21} HOU+\mu_i \tag{4-6}$$

式中，$i=11$，12；$y_{11}=1$ 表示相较于农民的农民工收入质量结果为满意；$y_{12}$ 表示相较于城镇居民的农民工对收入质量的自我评价，$y_{12}=1$ 表示相较于城镇居民的农民工收入质量估计结果为满意；$\theta_0$ 为常数项；$\mu_i$ 为随机扰动项。模型中共引入 21 个自变量。

#### 4.3.2.3　农民工收入质量自我评价的 Logit 模型估计结果及检验

依据实地调研数据，利用 Stata 软件对农民工收入质量进行分析及统计检验。估计结果见表 4-3。

模型十一“与农民相比，农民工对自己的收入质量感到满意”。个人特征变量中，性别（*GEN*）在 10% 的显著性水平上对农民工收入质量产生影响，表明与男性农民工相比，女性农民工更认同其收入质量高于农民的说法；年龄（*AGE*）对农民工收入质量存在 5% 显著性水平的正向影响，较年长的农民工更认同其收入质量优于农民的说法；婚姻状况（*MAR*）在 5% 的水平上通过显著性检验，这表明与未婚农民工相比，已婚农民工更认同其收入质量大于农民的说法；受教育水平（*EDU*）对农民工收入质量自我感知满意程度在 1% 的显著性水平上产生正向影响，表明最高受教育程度较高的农民工更倾向于认同其收入质量优于农民；技能水平（*SKI*）在 10% 的显著性水平上对农民工收入质量产生影响，表明技能水平越高的农民工越倾向于认为其收入质量满意程度高于农民。家庭特征变量中，家庭规模（*SCA*）在 10% 的显著性水平上对农民工收入质量产生负向影响，表明家庭规模较小的农民工更倾向于认同其收入质量优于农民的说法；打工地位置（*LOC*）在 1% 的显著性水平上对农民工收入质量自我感知满意程度结果产生影响，表明就业地区位于东部的农民工收入质量满意程度更高。收入特征变量中，2011 年家庭总收入（*INC*）和月工资收入（*WAG*）分别在 10% 和 5% 的显著性水平上对农民工收入质量产生正向影响，表明家庭总收入和月工资水平越高的农民工越倾向于认同其收入质量满意程度高于农民的说法；年工资变动幅度（*CHA*）在 1% 的显著性水平上对农民工收入质量产生影响，表明年工资增长幅度较大的农民工其收入质量满意程度更高；工作单位更换次数（*COM*）在 5% 的显著性水平上对农民工收入质量产生负向影响，表明工作单位更换次数较少的农民工对其收入质量更为满意；工资是否能够足额领取（*QUA*）在 10% 的显著性水平下对农民工收入质量产生影响，表明能足额领取工资的农民工对其收入质量更为满意；打工收入占总收入比例（*PER*）在 5% 的显著性水平上对农民工收入质量产生正向影响，表明打工收入占总收入比例越高的农民工越倾向于认为其收入质量高于农民；农业收入是否为主要收入来源之一（*AGR*）在 10% 的显著性水平下对农民工收入质量产生影响，表明农业收入是主要收入来源之一的农民工更倾向于认同其收入质量高于农民的说法；奖金或提成占工资收入（*BON*）在 5%

的显著性水平下对农民工收入质量产生正向影响，表明奖金或提成占工资收入较高的农民工更倾向于认同其收入质量高于农民的说法；获取成本（*ACQ*）对农民工收入质量产生10%水平的显著性影响并且方向为负，表明获取成本越高的农民工越倾向于认为其收入质量满意程度低于农民；从事行业对健康损益（*HEA*）在1%的显著性水平上对农民工收入质量产生影响，表明从事行业对健康有益的农民工更倾向于认同其收入质量满意程度高于农民的说法；日工作时间（*HOU*）在5%的显著性水平上对农民工收入质量产生反向作用，这表明日工作时间相对较短的农民工收入质量比农民更高。

家庭特征中的户口现状，收入特征中的工资是否能按时领取、财产性和转移性收入等自变量并未对与农民相比农民工收入质量满意程度产生显著影响。总之，相比较男性、年龄较轻、已婚、受教育水平和技能水平较低、家庭规模较大、打工地位于西部、2011年家庭总收入和月工资收入较低、年工资增长幅度较低、工作单位更换次数较多、工资不能足额领取、打工收入所占总收入比例较低、农业不是主要收入来源之一、奖金或提成占工资收入较低、获取成本较高、从事对健康有害行业、日工作时间较长的农民工，女性、年龄较大、未婚、受教育水平和技能水平较高、家庭规模较小、打工地位于东部、2011年家庭总收入和月工资收入较高、年工资增长幅度较大、工作单位更换次数较少、工资能够足额领取、打工收入所占总收入比例较高、农业收入是主要收入来源之一、奖金或提成所占工资收入较高、获取成本较低、从事行业对健康有益并且日工作时间较短的农民工更倾向于认同其收入质量满意程度明显优于农民。

## 4.4 本章小结

分析本书调查数据，与农民相比，农民工对自身收入充足性、稳定性、结构性和知识性感到满意，对自身收入成本性感到不满意。总体而言，与农民相比，农民工对其收入质量感到满意。

通过建立二元Logit模型分析影响农民工收入质量及五维度的影响因素，得知：年龄较小、已婚、受教育水平较高、户口已迁移到城市、打工地位于东部、2011年家庭总收入和月工资水平较高、年工资增长幅度较大、打工收入所占总收入比例较高并且获取成本较低的农民工更倾向于认同其收入充足性满意度明显优于农民。

女性、已婚、受教育水平和技能水平较大、年工资增长幅度较大、工作单位更换次数较少、工资能够按期和足额领取、打工收入所占总收入比例较高并且获取成本较低的农民工更倾向于认同其收入稳定性满意度明显优于农民。

女性、年龄较大、技能水平较高、打工地位于东部、2011年家庭总收入较高、工作单位更换次数较多、打工收入所占总收入比例较低、财产性和转移性收入较多、奖金或提成占工资性收入比例较高、获取成本较低的农民工更倾向于认同其收入结构性满意度明显优于农民。

女性、已婚、受教育水平较高、打工地位于东部、2011 年家庭总收入较高、月工资收入较低、打工收入所占总收入比例较低、获取成本较低并且从事对健康有益行业的农民工更倾向于认同其收入成本性满意度明显优于农民。

已婚、受教育水平和技能水平较高、打工地位于东部、2011 年家庭总收入和月工资收入较高、打工收入所占总收入比例较高、获取成本较低并且从事对健康有益行业的农民工更倾向于认同其收入知识性满意度明显优于农民。

女性、年龄较大、已婚、受教育水平和技能水平较高、家庭规模较小、打工地位于东部、2011 年家庭总收入和月工资收入较高、年工资增长幅度较大、工作单位更换次数较少、工资能够足额领取、打工收入所占总收入比例较高、农业收入是主要收入来源之一、奖金或提成所占工资收入较高、获取成本较低、从事行业对健康有益并且日工作时间较短的农民工更倾向于认同其收入质量满意度明显优于农民。

# 5 与城镇居民对比的农民工收入质量自我评估

随着农村社会经济的飞速发展，越来越多的农民工从土地劳动中脱离或半脱离出来，进入城市参与到工业和服务业劳动中去。与纯粹的城镇居民或者市民不同，农民工“离土不离乡”的特点还为他们提供了一个与农村保持联系的渠道。城镇居民通常在城市拥有其固定的生活居所和人脉关系，而农民工则保持“候鸟式迁徙”状态，因此虽然二者同样以工资性收入构成其主要的收入来源和生活保障，但农民工却在城市融入方面存在更多天然屏障，农民工收入质量较城镇居民差。本章比较了参照物为城镇居民时农民工收入质量体系五维度并进行总体评估，并对比了参照对象分别为农民和城镇居民时，农民工收入质量自我认知的微妙变化，得出结论：参照对象不同将导致农民工收入质量自我感知评估结果截然不同。

## 5.1 与城镇居民相比的农民工收入质量总体评价

在比较对象是城镇居民的前提下，分别从五维度及总体角度对农民工收入进行总体评价。结果发现，与城镇居民相比，农民工对自身收入充足性、稳定性、结构性、成本性和知识性均感到不满意。总体而言，与城镇居民相比，农民工对其收入质量感到不满意。

### 5.1.1 农民工收入充足性的自我评价

与城镇居民相比，受访对象中有 8.6% 的农民工非常同意“我对自己的收入总额感到满意”这一说法，15.4% 的农民工基本同意上述说法，26.7% 的农民工保持中立态度，36.1% 的农民工认为自己的收入总额满意度并不比城镇居民高，13.2% 的农民工强烈反对“与城镇居民相比，我对我的收入总额感到满意”这一说法。总之，24% 的农民工认为自己的收入总额满意度比城镇居民高，49.3% 的农民工认为自己的收入总额满意度比城镇居民低，其余农民工持中立态度。认同“与城镇居民相比，我对我的收入总额感到满意”这一说法的农民工少于不认同这一说法的人。与城镇居民相比，农民工对其收入充足性感到满意的比例占下风，见表 5-1。

**表 5-1 与城镇居民相比，农民工收入质量及五维度满意状况比例 （%）**

| 五维度 | 充足性 | 稳定性 | 结构性 | 成本性 | 知识性 | 收入质量 |
|---|---|---|---|---|---|---|
| 非常同意 | 8.6 | 6.8 | 5.6 | 8.3 | 6.0 | 7.5 |
| 同意 | 15.4 | 19.9 | 18.4 | 21.8 | 9.4 | 18.4 |
| 中立 | 26.7 | 20.3 | 21.8 | 24.4 | 20.3 | 24.8 |
| 不同意 | 36.1 | 44.7 | 47.0 | 37.2 | 57.1 | 38.3 |
| 非常不同意 | 13.2 | 8.3 | 7.1 | 8.3 | 7.1 | 10.9 |
| 总体 | 100.0 | 100.0 | 100.0 | 100.0 | 100.0 | 100.0 |

### 5.1.2 农民工收入稳定性的自我评价

受访对象中，6.8%的农民工非常同意“我的家庭收入比城镇居民稳定”，19.9%的农民工基本同意这一观点，20.3%的农民工不置可否，44.7%的农民工不认为其家庭收入比城镇居民稳定，8.3%的农民工非常不认同这一说法。总之，26.7%的农民工认为其家庭收入比城镇居民稳定，53%的农民工不认为其家庭收入比城镇居民稳定，其余人持中立态度。与城镇居民相比，对其收入稳定性感到不满意的农民工占多数，见表5-1。

### 5.1.3 农民工收入结构性的自我评价

家庭收入通常由家庭经营收入、工资性收入、转移性收入和财产性收入四部分组成。受访对象中，5.6%的农民工非常同意“我的收入结构比城镇居民合理”这一观点，18.4%的农民工基本同意这一观点，21.8%的农民工没有明确态度，47%的农民工不同意“我的收入结构比城镇居民合理”，7.1%的农民工非常不同意上述观点。总之，24%的农民工认为自己的收入结构比城镇居民合理，54.1%的农民工认为自己的收入结构不如城镇居民合理，其余人持中立态度。与城镇居民相比，对自身收入结构性感到不满意的农民工比例较多，见表5-1。

### 5.1.4 农民工收入成本性的自我评价

在农民工的概念意识里，与城镇居民相比，8.3%的农民工非常同意“取得同等收入，我实际花费成本比城镇居民低”，21.8%的农民工基本同意这一说法，24.4%的农民工认为自己的获取成本与城镇居民没有明显差别，37.2%的农民工不同意“取得同等收入，我实际花费成本比城镇居民低”，8.3%的农民工极其反对这一说法。总之，30.1%的农民工认为同等收入条件下其实际花费成本比城镇居民低，45.5%的农民工认为同等收入条件下其实际花费成本比城镇居民高，

24.4%的人持中立态度。可见，农民工对自身的收入获取成本较不满意，获取成本过高在很大程度上影响了农民工收入质量，见表5-1。

### 5.1.5 农民工收入知识性的自我评价

知识含量是农民工收入质量和收入可持续性的内在决定因素。与城镇居民相比，6.0%的农民工非常认同“如果我的学历更高，我能取得比现在更多的收入”，9.4%的农民工基本认同这一说法，20.3%的农民工不置可否，57.1%的农民工不同意学历越高收入越高的说法，7.1%的农民工非常不同意这一说法。总之，15.4%的农民工认为如果自己拥有更高的学历则会取得更多收入，见表5-1。

### 5.1.6 农民工收入质量的自我评价

在Likert五级量表中，与城镇居民相比，7.5%的农民工对自己的收入质量感到非常满意，18.4%的农民工对其收入质量感到基本满意，24.8%的人未明确表态，38.3%的农民工对自己的收入质量感到不满意，10.9%的农民工对自己的收入质量感到非常不满意。总之，与城镇居民相比，25.9%的农民工对自己的收入质量感到满意，49.2%的农民工对自己的收入质量感到不满意。以绝对数量而言，农民工认为自己的总体收入质量低于城镇居民，见表5-1。

## 5.2 农民工收入质量的满意状况比较

根据本书调查数据，分别在比较对象是农民和城镇居民的前提下，从收入质量的五维度及总体角度对农民工收入质量满意状况进行评价。研究发现，相较于农民，农民工对自身收入充足性、稳定性、结构性和知识性感到满意，对自身收入成本性感到不满意。与城镇居民相比，农民工对自身收入充足性、稳定性、结构性、成本性和知识性均感到不满意。总体而言，与农民相比，农民工对其收入质量感到满意；但与城镇居民相比，农民工对其收入质量感到不满意。

### 5.2.1 农民工收入充足性的满意状况评价

受访对象中，43.2%的农民工认为自己的收入总额满意度比农民高，但与城镇居民相比，仅有24%的农民工对自己的收入总额感到满意，二者比例相差19.2%。26.1%的农民工认为自己的收入总额满意度比农民低，但与城镇居民相比，却有49.3%的农民工对自己的收入总额感到不满意，后者比前者比例多出23.2%。总体而言，与农民相比，农民工对自己的收入充足性感到满意；与城镇居民相比，农民工对自己的收入充足性感到不满意，见表5-2。

表 5-2　不同参照物下，农民工收入质量及五维度满意状况　（%）

| 各维度 | 满意状况 | 与农民相比 | 与城镇居民相比 | 二者相差 |
|---|---|---|---|---|
| 充足性 | 满意 | 43. 2 | 24. 0 | 19. 2 |
| | 中立 | 30. 0 | 26. 7 | 3. 3 |
| | 不满意 | 26. 1 | 49. 3 | -23. 2 |
| 稳定性 | 满意 | 54. 5 | 26. 7 | 27. 8 |
| | 中立 | 21. 7 | 20. 3 | 1. 4 |
| | 不满意 | 21. 9 | 53. 0 | -31. 1 |
| 结构性 | 满意 | 46. 2 | 24. 0 | 22. 2 |
| | 中立 | 22. 6 | 21. 8 | 0. 8 |
| | 不满意 | 31. 2 | 54. 1 | -22. 9 |
| 成本性 | 满意 | 34. 7 | 30. 1 | 4. 6 |
| | 中立 | 23. 9 | 24. 4 | -0. 5 |
| | 不满意 | 41. 4 | 45. 5 | -4. 1 |
| 知识性 | 满意 | 74. 5 | 15. 4 | 49. 1 |
| | 中立 | 15. 8 | 20. 3 | -4. 5 |
| | 不满意 | 9. 7 | 64. 2 | -54. 5 |
| 收入质量 | 满意 | 39. 3 | 25. 9 | 13. 4 |
| | 中立 | 33. 4 | 24. 8 | 8. 6 |
| | 不满意 | 27. 4 | 49. 2 | -21. 8 |

### 5. 2. 2　农民工收入稳定性的满意状况评价

受访对象中，54. 5%的农民工认为自己的收入稳定性满意度比农民高，但与城镇居民相比，仅有26. 7%的农民工对自己的收入稳定性感到满意，二者比例相差27. 8%。21. 9%的农民工认为自己的收入稳定性满意度比农民低，但与城镇居民相比，却有53%的农民工对自己的收入稳定性感到不满意，后者比前者比例多出31. 1%。总体而言，与农民相比，农民工对自己的收入稳定性感到满意；与城镇居民相比，农民工对自己的收入稳定性感到不满意，见表5-2。

### 5. 2. 3　农民工收入结构性的满意状况评价

受访对象中，46. 2%的农民工认为自己的收入结构性满意度比农民高，但与城镇居民相比，仅有24%的农民工对自己的收入结构性感到满意，前者比后者比例多出22.2%。31.2%的农民工认为自己的收入结构性满意度比农民低，但与城镇居民相比，却有54.1%的农民工对自己的收入结构性感到不满意，后者比前者比例多出22.9%。总体而言，与农民相比，农民工对自己的收入结构性感到满意；与城镇居民相比，农民工对自己的收入结构性感到不满意，见表5-2。

### 5.2.4 农民工收入成本性的满意状况评价

受访对象中，34.7%的农民工认为自己的收入成本性满意度比农民高，但与城镇居民相比，只有30.1%的农民工对自己的收入成本性感到满意，前者比后者比例多出4.6%。41.4%的农民工认为自己的收入成本性满意度比农民低，但与城镇居民相比，却有45.5%的农民工对自己的收入成本性感到不满意，后者比前者比例多出4.1%。总体而言，与农民相比，农民工对自己的收入成本性感到满意；与城镇居民相比，农民工对自己的收入结构性感到不满意，见表5-2。

### 5.2.5 农民工收入知识性的满意状况评价

受访对象中，74.5%的农民工认为自己的收入知识性满意度比农民高，但与城镇居民相比，只有15.4%的农民工对自己的收入知识性感到满意，前者比后者比例多出49.1%。9.7%的农民工认为自己的收入知识性满意度比农民低，但与城镇居民相比，却有64.2%的农民工对自己的收入知识性感到不满意，后者比前者比例多出54.5%。总体而言，与农民相比，农民工对自己的收入知识性感到满意；与城镇居民相比，农民工对自己的收入知识性感到不满意，见表5-2。

### 5.2.6 农民工收入质量的满意状况评价

受访对象中，39.3%的农民工认为自己的收入质量满意度比农民高，但与城镇居民相比，只有25.9%的农民工对自己的收入质量感到满意，前者比后者比例多出13.4%。27.4%的农民工认为自己的收入质量满意度比农民低，但与城镇居民相比，却有49.2%的农民工对自己的收入质量感到不满意，后者比前者比例多出21.8%。总体而言，与农民相比，农民工对自己的收入质量感到满意；与城镇居民相比，农民工对自己的收入质量感到不满意，见表5-2。

### 5.2.7 农民工收入质量的满意状况比较

参照物不同，比较结果相差悬殊。本节分别在比较对象是农民和城镇居民的前提下，从充足性、结构性、稳定性、成本性和知识性五个维度及总体收入质量对农民工进行评价。若农民工评价结果为满意，用“√”表示；若农民工评价结果为不满意，用“×”表示。结果发现，与农民相比，农民工对自身收入充足性、稳定性、结构性和知识性感到满意，对自身收入成本性感到不满意。与城镇居民相比，农民工对自身收入充足性、稳定性、结构性、成本性和知识性均感到不满意。总体而言，与农民相比，农民工对其收入质量感到满意；但与城镇居民相比，农民工对其收入质量感到不满意，见表5-3。

**表5-3 不同参照物下，农民工收入质量满意与否**

| 评价维度 | 充足性 | 稳定性 | 结构性 | 成本性 | 知识性 | 收入质量 |
|---|---|---|---|---|---|---|
| 与农民相比 | √ | √ | √ | × | √ | √ |
| 与城镇居民相比 | × | × | × | × | × | × |

## 5.3 相较于城镇居民的农民工收入质量五维度评估

### 5.3.1 相较于城镇居民的农民工收入充足性自我评估

#### 5.3.1.1 农民工收入充足性自我评估的影响因素

结合相关研究和调研数据，农民工收入充足性的影响因素主要包括个人特征中的性别（*GEN*）、年龄（*AGE*）、婚姻状况（*MAR*）、受教育最高程度（*EDU*）、技能水平（*SKI*），家庭特征中的技能水平（*SCA*）、户口现状（*HUK*）、打工地位置（*LOC*）和收入特征中的2011年家庭总收入（*INC*）、打工月收入（*WAG*）、年工资变动幅度（*CHA*）、工作单位更换次数（*COM*）、打工收入占总收入比例（*PER*）、农业是否为主要收入来源（*AGR*）、获取成本（*ACQ*）和从事行业对健康损益（*HEA*）等变量。

#### 5.3.1.2 农民工收入充足性自我评价的模型设计与统计结果分析

设定二元Logit模型对农民工收入充足性进行评价。模型二的具体表达形式如下：

$$\ln\left[\frac{p(y_i=1)}{1-p(y_i=1)}\right]=\alpha_0+\alpha_1 GEN+\alpha_2 AGE+\alpha_3 MAR+\alpha_4 EDU+\alpha_5 SKI+\alpha_6 SCA+\alpha_7 HUK+\alpha_8 LOC+\alpha_9 INC+\alpha_{10} WAG+\alpha_{11} CHA+\alpha_{12} COM+\alpha_{13} PER+\alpha_{14} AGR+\alpha_{15} ACQ+\alpha_{16} HEA+\mu_i \tag{5-1}$$

式中，$i=1, 2$；$y_2$ 表示相较于城镇居民的农民工收入质量充足性满意程度；$\alpha_0$ 为常数项；$\mu_i$ 为随机扰动项。模型中共引入16个自变量。估计结果见表5-4。

**表 5-4 相较于城镇居民的农民工收入质量及五维度自我评价的 Logit 模型估计结果**

| 变量 | 模型二（充足性） | 模型四（稳定性） | 模型六（结构性） | 模型八（成本性） | 模型十（知识性） | 模型十二（收入质量） |
|---|---|---|---|---|---|---|
| *GEN* | -0.481<br>(0.577) | -0.720<br>(0.590) | 0.160**<br>(0.0704) | 0.289<br>(0.457) | -1.862**<br>(0.911) | 1.154*<br>(0.636) |
| *AGE* | -0.00622<br>(0.237) | 0.133<br>(0.230) | -0.0004*<br>(0.0002) | 0.369**<br>(0.167) | 0.685**<br>(0.311) | 1.250**<br>(0.602) |
| *MAR* | -1.753**<br>(0.745) | -1.196*<br>(0.678) | -1.413<br>(1.150) | 0.962*<br>(0.579) | -2.799***<br>(0.957) | -1.068*<br>(0.624) |
| *EDU* | 1.818**<br>(0.774) | 0.363**<br>(0.170) | 0.244<br>(0.246) | 0.184*<br>(0.103) | 0.277*<br>(0.158) | 0.303**<br>(0.150) |
| *SKI* | -0.273<br>(0.241) | -0.0541<br>(0.241) | 0.0800<br>(0.0534) | -0.139<br>(0.193) | -0.663**<br>(0.333) | 1.275**<br>(0.591) |
| *SCA* | -0.106<br>(0.164) | -0.366**<br>(0.171) | -0.414**<br>(0.165) | 0.447<br>(0.539) | -0.948***<br>(0.279) | -0.301*<br>(0.166) |
| *HUK* | 2.030**<br>(0.900) | 2.857***<br>(0.953) | -1.061*<br>(0.606) | 0.305*<br>(0.172) | 0.463*<br>(0.272) | 1.558*<br>(0.916) |
| *LOC* | -0.962***<br>(0.267) | -0.213<br>(0.254) | 0.424***<br>(0.158) | -0.181<br>(0.839) | -1.196*<br>(0.678) | -0.689***<br>(0.254) |
| *INC* | 0.433***<br>(0.164) | 2.857***<br>(0.953) | 0.482***<br>(0.1576) | 0.0807<br>(0.216) | 0.343*<br>(0.187) | 1.680**<br>(0.797) |
| *WAG* | 0.424***<br>(0.158) | -0.213<br>(0.254) | -0.0919<br>(0.106) | -0.235*<br>(0.123) | 0.164<br>(0.171) | 0.893*<br>(0.522) |
| *CHA* | -0.299*<br>(0.180) | -0.282*<br>(0.156) | | -0.404***<br>(0.124) | 0.0157<br>(0.207) | 0.0574<br>(0.194) |
| *COM* | -0.318**<br>(0.133) | -0.253<br>(0.184) | 1.190*<br>(0.674) | -0.0183<br>(0.0511) | -0.00795<br>(0.0338) | -0.253*<br>(0.138) |
| *TIM* | | -2.905***<br>(0.913) | | | | -0.00699<br>(0.0236) |
| *QUA* | | -0.303**<br>(0.154) | | | | -0.0482<br>(0.0449) |
| *PER* | 0.995**<br>(0.454) | 0.0144<br>(0.0285) | -0.0139<br>(0.142) | 0.437***<br>(0.169) | 0.213<br>(0.281) | -0.803***<br>(0.193) |
| *AGR* | -0.0340<br>(0.280) | -0.291*<br>(0.160) | -0.473***<br>(0.158) | -0.0689<br>(0.0948) | -0.0270<br>(0.0654) | -0.125<br>(0.201) |

续表 5-4

| 变量 | 模型二（充足性） | 模型四（稳定性） | 模型六（结构性） | 模型八（成本性） | 模型十（知识性） | 模型十二（收入质量） |
|---|---|---|---|---|---|---|
| *PRO* | | | 1.753**<br>(0.745) | | | 0.0574<br>(0.194) |
| *BON* | | | 1.025**<br>(0.430) | | | 0.227*<br>(0.134) |
| *ACQ* | -0.369*<br>(0.221) | -0.333*<br>(0.188) | -0.424***<br>(0.158) | -0.302*<br>(0.174) | -0.800**<br>(0.394) | -0.207*<br>(0.122) |
| *HEA* | -0.148<br>(0.207) | | -1.450**<br>(0.683) | -0.384**<br>(0.161) | -0.923**<br>(0.384) | -0.181*<br>(0.0950) |
| *HOU* | | | | -0.804***<br>(0.227) | | -1.700**<br>(0.767) |
| Constant | 7.245***<br>(2.552) | | | 7.982**<br>(3.699) | 7.244*<br>(3.900) | |
| log likelihood | -106.759 | -126.764 | -142.032 | -312.050 | -321.041 | -289.750 |
| Pseudo R2 | 0.690 | 0.740 | 0.793 | 0.861 | 0.772 | 0.824 |

注：括号内为标准误差；*** 表示 $p<0.01$；** 表示 $p<0.05$；* 表示 $p<0.1$。

模型二“与城镇居民相比，农民工对自己的收入充足性感到满意”。个人特征变量中，自变量婚姻状况（*MAR*）在5%的水平上通过显著性检验，表明与未婚农民工相比，已婚的农民工更认同其“收入充足性大于城镇居民”的说法；受教育水平（*EDU*）对农民工收入充足性满意程度在5%的显著性水平上产生正向影响，这表明最高受教育水平越高的农民工其收入数量自我评价越高；家庭特征变量中，户口现状（*HUK*）在5%的显著性水平上对农民工收入充足性满意程度产生影响，表明与户口未迁移的农民工相比，户口已迁移到城市的农民工其收入充足性满意度比农民更高；打工地位置（*LOC*）对农民工收入充足性满意程度在1%的显著性水平上产生影响，表明在东部地区就业的农民工其收入充足性满意程度高于在西部地区就业的农民工。收入特征变量中，2011年家庭总收入（*INC*）和2011年农民工个人月工资收入水平（*WAG*）均在1%的显著性水平上对农民工收入充足性满意程度产生正向影响；表明2011年家庭年收入和个人月工资收入水平较低的农民工不认为自己的收入充足性满意程度高于农民，而2011年家庭年收入和个人月工资收入水平越高的农民工则认为其收入充足性满意程度高于城镇居民；年工资变动幅度（*CHA*）在10%的显著性水平上对农民工收入充足性满意程度产生影响，表明年工资增长幅度较大的农民工更倾向于认同其收入充足性满意程度高于城镇居民的说法；工作单位更换次数（*COM*）在5%的显著性水平上对农民工收入充足性产生负向影响，表明工作单位更换次数较少的农民工其收入充足性满意程度更高；打工收入占总收入比例（*PER*）在5%的显著性水平上对农民工收入充足性满意程度产生正向影响，表明打工收入占总收入比例越高的农民工越倾向于认为其收入充足性高于农民；获取成本（*ACQ*）对农民工收入充足性满意程度产生5%水平的显著性影响并且方向为负，表明获取成本越高的农民工越倾向于认为其收入充足性满意程度低于农民。

个体特征中的性别、年龄、技能水平，家庭特征中的家庭规模，收入特征中的农业是否为主要收入来源、从事行业对健康损益等自变量并未对与城镇居民相比农民工收入充足性满意程度产生显著影响。总之，相比较未婚、受教育水平较低、户口未迁移、打工地位于西部、2011年家庭总收入和月工资水平较低、年工资增长幅度较低、工作单位更换次数较多、打工收入所占总收入比例较低、获取成本较高的农民工，已婚、受教育水平较高、户口已迁移到城市、打工地位于东部、2011年家庭总收入和月工资水平较高、年工资增长幅度较大、工作单位更换次数较少、打工收入所占总收入比例较高并且获取成本较低的农民工更倾向于认同其收入充足性满意度明显优于城镇居民。

### 5.3.2 相较于城镇居民的农民工收入稳定性自我评估

#### 5.3.2.1 农民工收入稳定性自我评价的影响因素分析

根据前文对农民工收入质量稳定性的理论分析，结合相关研究和调研数据，农民工收入稳定性的影响因素主要包括个人特征中的性别（*GEN*）、年龄（*AGE*）、婚姻状况（*MAR*）、受教育最高程度（*EDU*）、技能水平（*SKI*），家庭特征中的家庭规模（*SCA*）、户口现状（*HUK*）、打工地位置（*LOC*）和收入特征中的2011年家庭总收入（*INC*）、打工月收入（*WAG*）、年工资变动幅度（*CHA*）、工作单位更换次数（*COM*）、工资是否按期发放（*TIM*）、工资是否足额发放（*QUA*）、打工收入占总收入比例（*PER*）、农业是否为主要收入来源（*AGR*）和获取成本（*ACQ*）等变量。

#### 5.3.2.2 农民工收入稳定性自我评价的模型设计与统计结果分析

设定Logit模型对农民工收入稳定性进行评估。本节采用Logit二元离散选择模型对农民工收入稳定性满意程度进行分析。模型四的具体表达形式如下：

$$\ln\left[\frac{p(y_i=1)}{1-p(y_i=1)}\right]=\beta_0+\beta_1 GEN+\beta_2 AGE+\beta_3 MAR+\beta_4 EDU+\beta_5 SKI+\beta_6 SCA+\beta_7 HUK+\beta_8 LOC+\beta_9 INC+\beta_{10} WAG+\beta_{11} CHA+\beta_{12} COM+\beta_{13} TIM+\beta_{14} QUA+\beta_{15} PER+\beta_{16} AGR+\beta_{17} ACQ+\mu_i \tag{5-2}$$

式中，$i=3$，4；$y_4$ 表示相较于城镇居民的农民工收入质量稳定性满意程度；$\beta_0$ 为常数项；$\mu_i$ 为随机扰动项。模型中共引入 17 个自变量。估计结果见表 5-4。

模型四“与城镇居民相比，农民工对自己的收入稳定性感到满意”。个人特征变量中，自变量婚姻状况（*MAR*）在 10% 的水平上通过显著性检验，表明与未婚农民工相比，已婚的农民工更认同其“收入稳定性大于城镇居民”的说法；受教育水平（*EDU*）对农民工收入稳定性满意程度在 5% 的显著性水平上产生正向影响，表明最高受教育水平越高的农民工其收入稳定性自我评价越高。家庭特征变量中，家庭规模（*SCA*）在 5% 的显著性水平上对农民工收入稳定性满意程度产生负向影响，表明家庭规模较小的农民工更倾向于认同其收入稳定性满意程度优于城镇居民的说法；户口现状（*HUK*）在 1% 的显著性水平上对农民工收入稳定性满意程度产生影响，表明户口已迁移到城市的农民工其收入稳定性满意程度更高。收入特征变量中，2011 年家庭总收入（*INC*）对农民工收入稳定性满意程度在 1% 的显著性水平产生正向影响，表明家庭年总收入越高的农民工越认同其收入稳定性满意程度高于城镇居民的说法；年工资变动幅度（*CHA*）在 10% 的显著性水平上对农民工收入稳定性满意程度产生影响，表明年工资稳定性增长幅度较大的农民工更倾向于认同其收入稳定性高于城镇居民的说法；工资是否按期发放（*TIM*）和工资能否足额发放（*QUA*）分别在 1% 和 5% 的显著性水平上对农民工收入稳定性满意程度产生影响，表明工资能否按期和足额领取的农民工更倾向认同其收入稳定性满意程度高于城镇居民；农业是否为主要收入来源（*AGR*）在 10% 的显著性水平上对农民工收入稳定性满意程度产生影响，表明农业收入是主要收入来源之一的农民工其收入稳定性满意程度更高。获取成本（*ACQ*）对农民工收入稳定性满意程度产生 10% 水平的显著性影响并且方向为负，表明获取成本越高的农民工越倾向于认为其收入稳定性低于农民。

个体特征中的性别、年龄、技能水平，家庭特征中的打工地位置，收入特征中的月工资收入、工作单位更换次数、打工收入占总收入比例等自变量并未对与城镇居民相比农民工收入稳定性满意程度产生显著影响。总之，相比较未婚、受教育水平较低、家庭规模较大、户口未迁移、2011 年家庭总收入较低、年工资增长幅度较低、工资不能按期和足额领取、农业收入不是主要收入来源、获取成本较高的农民工，已婚、受教育水平较高、家庭规模较小、户口已迁移、2011 年家庭总收入较高、年工资增长幅度较大、工资能够按期和足额领取、农业收入是主要收入来源之一并且获取成本较低的农民工更倾向于认同其收入稳定性满意度明显优于城镇居民。

### 5.3.3 相较于城镇居民的农民工收入结构性自我评估

#### 5.3.3.1 农民工收入结构性自我评估的影响因素分析

根据前文对农民工收入质量结构性的理论分析，结合相关研究和调研数据，农民工收入结构性的影响因素主要包括个人特征中的性别（*GEN*）、年龄（*AGE*）、婚姻状况（*MAR*）、受教育最高程度（*EDU*）、技能水平（*SKI*），家庭特征中的家庭规模（*SCA*）、户口现状（*HUK*）、打工地位置（*LOC*）和收入特征中的2011年家庭总收入（*INC*）、打工月收入（*WAG*）、工作单位更换次数（*COM*）、打工收入占总收入比例（*PER*）、农业是否为主要收入来源（*AGR*）、转移性收入和财产性收入（*PRO*）、绩效奖金或业绩提成占工资收入比例（*BON*）、获取成本（*ACQ*）和从事行业对健康损益（*HEA*）等变量。

#### 5.3.3.2 农民工收入结构性自我评价的模型设计与统计结果分析

设定Logit模型对农民工收入结构性进行评估。模型六的具体表达形式如下：

$$\ln\left[\frac{p(y_i=1)}{1-p(y_i=1)}\right]=\gamma_0+\gamma_1 GEN+\gamma_2 AGE+\gamma_3 MAR+\gamma_4 EDU+\gamma_5 SKI+\gamma_6 SCA+\gamma_7 HUK+\gamma_8 LOC+\gamma_9 INC+\gamma_{10} WAG+\gamma_{11} COM+\gamma_{12} PER+\gamma_{13} AGR+\gamma_{14} PRO+\gamma_{15} BON+\gamma_{16} ACQ+\gamma_{17} HEA+\mu_i \tag{5-3}$$

式中，$i=5$，6；$y_6$ 表示相较于城镇居民的农民工收入质量结构性满意程度；$\gamma_0$ 为常数项；$\mu_i$ 为随机扰动项。模型中共引入17个自变量。估计结果见表5-4。

模型六“与农民相比，农民工对自己的收入结构性感到满意”。个人特征变量中，自变量性别（*GEN*）对农民工收入结构性满意程度在5%的显著性水平上存在影响，表明女性农民工比男性农民工更认同“收入结构性大于城镇居民”的说法；年龄（*AGE*）在10%的水平上通过显著性检验，表明与年龄较大的农民工相比，新一代农民工更认同其“收入结构性大于城镇居民”的说法。家庭特征变量中，家庭规模（*SCA*）在5%的显著性水平上对农民工收入结构性满意程度产生影响，表明家庭规模较小的农民工更认同其收入结构性满意程度高于城镇居民的说法；户口现状（*HUK*）在10%的显著性水平上对农民工收入结构性满意程度产生影响，表明户口未迁移的农民工其收入结构满意程度更高；打工地位置（*LOC*）在1%的显著性水平上对农民工收入结构性满意程度产生影响，表明就业地区在西部的农民工拥有更合理化的收入结构。收入特征变量中，2011年家庭总收入（*INC*）在1%的显著性水平上对农民工收入结构性满意程度产生正向影响，表明家庭总收入越高的农民工越倾向于认同其收入结构满意程度高于城镇居民的说法；工作单位更换次数（*COM*）在10%的显著性水平上对农民工收入结构性满意程度产生正向影响，表明更换工作次数较多的农民工更倾向于认同其收入结构性满意程度高于城镇居民的说法；农业是否为主要收入来源（*AGR*）在1%的显著性水平上对农民工收入结构性产生影响，表明农业收入是主要收入来源之一的农民工更认同其收入结构性满意度高于城镇居民的说法；财产性收入和转移性收入（*PRO*）在5%的显著性水平上对农民工收入结构性满意程度产生正向影响，表明财产性收入和转移性收入越多的农民工其收入结构自我评价越倾向于满意；奖金或提成所占工资性收入比例（*BON*）在5%的显著性水平上对农民工收入结构性满意程度产生正向影响，表明奖金或提成占工资性收入比例较高的农民工更倾向于认同其收入结构优于城镇居民的说法；获取成本（*ACQ*）对农民工收入结构性满意程度产生1%水平的显著性影响并且方向为负，表明获取成本越高的农民工越倾向于认为其收入结构性满意程度低于城镇居民；从事行业对健康损益（*HEA*）对农民工收入结构性满意程度在5%的显著性水平上产生影响，表示从事行业对健康有益的农民工更倾向于认为其收入结构性满意程度高于城镇居民的说法。

个体特征中的婚姻状况、受教育程度、技能水平，收入特征中的月工资收入、打工收入占总收入比例等自变量并未对与城镇居民相比农民工收入结构性满意程度产生显著影响。总之，相比较男性、年龄较大、家庭规模较大、打工地位于东部、2011年家庭总收入较低、工作单位更换次数较少、农业收入不是主要收入来源、财产性收入和转移性收入较少、奖金或提成占工资性收入比例较低、获取成本较高、从事行业对健康有害的农民工，女性、年龄较小、家庭规模较小、打工地位于西部、2011年家庭总收入较高、工作单位更换次数较多、农业收入是主要收入来源、财产性和转移性收入较多、奖金或提成占工资性收入比例较高、获取成本较低并且从事行业对健康有益的农民工更倾向于认同其收入结构性满意度明显优于城镇居民。

### 5.3.4 相较于城镇居民的农民工收入成本性自我评估

#### 5.3.4.1 农民工收入成本性自我评估的影响因素

结合相关研究和调研数据，农民工收入成本性的影响因素主要包括个人特征中的性别（*GEN*）、年龄（*AGE*）、婚姻状况（*MAR*）、受教育最高程度（*EDU*）、技能水平（*SKI*），家庭特征中的家庭规模（*SCA*）、户口现状（*HUK*）、打工地位置（*LOC*）和收入特征中的2011年家庭总收入（*INC*）、打工月收入（*WAG*）、年工资变动幅度（*CHA*）、工作单位更换次数（*COM*）、打工收入占总收入比例（*PER*）、农业是否主要收入来源（*AGR*）、获取成本（*ACQ*）、从事行业对健康损益（*HEA*）和日工作时间（*HOU*）等变量。

#### 5.3.4.2 农民工收入成本性自我评价的模型设计与统计结果分析

设定Logit模型对农民工收入成本性进行评估。模型八的具体表达形式如下：

$$\ln\left[\frac{p(y_i=1)}{1-p(y_i=1)}\right]=\varepsilon_0+\varepsilon_1 GEN+\varepsilon_2 AGE+\varepsilon_3 MAR+\varepsilon_4 EDU+\varepsilon_5 SKI+\varepsilon_6 SCA+\varepsilon_7 HUK+\varepsilon_8 LOC+\varepsilon_9 INC+\varepsilon_{10} WAG+\varepsilon_{11} CHA+\varepsilon_{12} COM+\varepsilon_{13} PER+\varepsilon_{14} AGR+\varepsilon_{15} ACQ+\varepsilon_{16} HEA+\varepsilon_{17} HOU+\mu_i \tag{5-4}$$

式中，$i=7$，8；$y_8$ 表示相较于城镇居民的农民工收入质量成本性满意程度；$\varepsilon_0$ 为常数项；$\mu_i$ 为随机扰动项。模型中共引入 17 个自变量。估计结果见表 5-4。

模型八“与城镇居民相比，农民工对自己的收入成本性感到满意”。个人特征变量中，自变量年龄（*AGE*）在 5% 的显著性水平上通过统计检验，表明年龄较大的农民工更认同“收入成本性满意程度比城镇居民更高”的说法；婚姻状况（*MAR*）在 10% 的水平上通过显著性检验，表明与已婚农民工相比，未婚农民工更认同其收入成本性满意程度大于城镇居民的说法；受教育水平（*EDU*）在 10% 的显著性水平上对农民工收入成本性满意程度产生正向影响，表明受教育水平较高的农民工更倾向于认同其收入成本性优于城镇居民。家庭特征变量中，户口现状（*HUK*）在 10% 的显著性水平上对农民工收入成本性产生影响，表明户口已迁移的农民工更倾向于认同其收入成本性满意程度高于城镇居民的说法。收入特征变量中，月工资收入（*WAG*）在 10% 的显著性水平上对农民工收入成本性满意程度产生负向影响，表明月工资收入较高的农民工更不认同其收入成本满意程度高于城镇居民的说法；打工收入占总收入比例（*PER*）在 1% 的显著性水平上对农民工收入成本性产生正向影响，表明打工收入占总收入比例越高的农民工越倾向于认为其收入成本性高于城镇居民；获取成本（*ACQ*）对农民工收入成本性满意程度产生 10% 水平的显著性影响并且方向为负，表明获取成本越高的农民工越倾向于认为其收入成本性满意程度低于城镇居民；从事行业对健康损益（*HEA*）在 5% 的显著性水平上对农民工收入成本性满意程度产生影响，表明从事行业对健康有益的农民工更倾向于认同其收入成本性满意程度高于城镇居民的说法；日工作时间（*HOU*）在 1% 的显著性水平上对农民工收入成本性产生负向影响，表明日工作时间较短的农民工更倾向于认同其收入成本性满意程度高于城镇居民。

个体特征中的性别、技能水平，家庭特征中的家庭规模、打工地位置，收入特征中的 2011 年家庭总收入、工作单位更换次数、农业是否为主要收入来源等自变量并未对与城镇居民相比农民工收入成本性满意程度产生显著影响。总之，相比较年龄较小、已婚、受教育水平较低、户口未迁移、月工资收入较高、打工收入所占总收入比例较高、获取成本较高、从事对健康有害行业、日工作时间较长的农民工，年龄较大、未婚、受教育水平较高、户口已迁移、月工资收入较低、打工收入所占总收入比例较低、获取成本较低、从事对健康有益行业并且日工作时间较短的农民工更倾向于认同其收入成本性满意程度明显优于城镇居民。

### 5.3.5　相较于城镇居民的农民工收入知识性自我评估

#### 5.3.5.1　农民工收入知识性自我评估的影响因素

结合相关研究和调研数据，农民工收入知识性的影响因素主要包括个人特征中的性别（*GEN*）、年龄（*AGE*）、婚姻状况（*MAR*）、受教育最高程度（*EDU*）、技能水平（*SKI*），家庭特征中的家庭规模（*SCA*）、户口现状（*HUK*）、打工地位置（*LOC*）和收入特征中的2011年家庭总收入（*INC*）、打工月收入（*WAG*）、年工资变动幅度（*CHA*）、工作单位更换次数（*COM*）、打工收入占总收入比例（*PER*）、农业是否主要收入来源（*AGR*）、获取成本（*ACQ*）和从事行业对健康损益（*HEA*）等变量。

#### 5.3.5.2　农民工收入知识性自我评价的模型设计与统计结果分析

设定Logit模型对农民工收入知识性进行评估。模型十的具体表达形式如下：

$$\ln\left[\frac{p(y_i=1)}{1-p(y_i=1)}\right]=\eta_0+\eta_1 GEN+\eta_2 AGE+\eta_3 MAR+\eta_4 EDU+\eta_5 SKI+\eta_6 SCA+\eta_7 HUK+\eta_8 LOC+\eta_9 INC+\eta_{10} WAG+\eta_{11} CHA+\eta_{12} COM+\eta_{13} PER+\eta_{14} AGR+\eta_{15} ACQ+\eta_{16} HEA+\mu_i \tag{5-5}$$

式中，$i=9$，10；$y_{10}$表示相较于城镇居民的农民工收入质量知识性满意程度；$\eta_0$为常数项；$\mu_i$为随机扰动项。模型中共引入16个自变量。估计结果见表5-4。

模型十“与城镇居民相比，农民工对自己的收入知识性感到满意”。个人特征变量中，性别（*GEN*）在5%的显著性水平上对农民工收入知识性满意程度产生影响，表明与女性农民工相比，男性农民工更认同其收入知识性满意程度大于城镇居民的说法；年龄（*AGE*）在5%的显著性水平上对农民工收入知识性满意程度产生影响，表明年龄较大的农民工更认同其收入知识性满意程度高于城镇居民的说法；婚姻状况（*MAR*）在1%的水平上通过显著性检验，表明与未婚农民工相比，已婚农民工更认同其收入知识性满意程度大于城镇居民的说法；受教育水平（*EDU*）在10%的显著性水平上对农民工收入知识性满意程度产生正向影响，表明受教育水平较高的农民工更倾向于认同其收入知识性优于城镇居民；技能水平（*SKI*）在10%的显著性水平上对农民工收入知识性满意程度产生影响，表明技能水平越高的农民工越倾向于认为其收入知识性满意程度高于城镇居民。家庭特征变量中，家庭规模（*SCA*）在1%的显著性水平上对农民工收入知识性满意程度产生负向影响，表明家庭规模较小的农民工更认同其收入知识性满意程度高于城镇居民的说法；户口现状（*HUK*）在10%的显著性水平上对农民工收入知识性满意程度产生影响，表明户口已迁移的农民工更认同其收入知识性满意程度高于城镇居民；打工地位置（*LOC*）在10%的显著性水平上对农民工收入知识性满意程度产生影响，表明在东部地区就业的农民工收入知识性满意程度更高。收入特征变量中，2011年家庭总收入（*INC*）在10%的显著性水平上对农民工知识性满意程度产生正向影响，表明家庭总收入越高的农民工越倾向于认同其收入知识满意度高于城镇居民的说法；获取成本（*ACQ*）对农民工收入知识性满意程度产生5%水平的显著性影响并且方向为负，表明获取成本越高的农民工越倾向于认为其收入知识性满意程度低于城镇居民。从事行业对健康损益（*HEA*）在5%的显著性水平上对农民工收入知识性满意程度产生影响，表明从事行业对健康有益的农民工更倾向于认同其收入知识性满意程度高于城镇居民的说法。

收入特征中的月工资收入、年工资变动幅度、工作单位更换次数、打工收入占总收入比例、农业是否为主要收入来源等自变量并未对与城镇居民相比农民工收入知识性满意程度产生显著影响。总之，相比较女性、年龄较小、未婚、受教育水平和技能水平较低、家庭规模较大、户口未迁移、打工地位于西部、2011年家庭总收入较低、获取成本较高、从事对健康有害行业的农民工，男性、年龄较大、已婚、受教育水平和技能水平较高、家庭规模较小、户口已迁移、打工地位于东部、2011年家庭总收入较高、获取成本较低并且从事对健康有益行业的农民工更倾向于认同其收入知识性满意度明显优于城镇居民。

## 5.4 相较于城镇居民的农民工收入质量总体评估

### 5.4.1 农民工收入质量自我评价的影响因素

结合相关研究和调研数据，农民工收入质量的影响因素主要包括个人特征中的性别（*GEN*）、年龄（*AGE*）、婚姻状况（*MAR*）、受教育最高程度（*EDU*）、技能水平（*SKI*），家庭特征中的家庭规模（*SCA*）、户口现状（*HUK*）、打工地位置（*LOC*）和收入特征中的2011年家庭总收入（*INC*）、打工月收入（*WAG*）、年工资变动幅度（*CHA*）、工作单位更换次数（*COM*）、工资是否能够按时发放（*TIM*）、工资是否能够足额发放（*QUA*）、打工收入占总收入比例（*PER*）、农业是否主要收入来源（*AGR*）、财产性收入和转移性收入（*PRO*）、奖金或业绩提成占工资比例（*BON*）、获取成本（*ACQ*）、从事行业对健康损益（*HEA*）和日工作时间（*HOU*）等变量。

### 5.4.2 农民工收入质量自我评价的模型设计与估计结果分析

本节采用Logit二元离散选择模型对农民工收入质量满意程度进行分析。模型十二的具体表达形式如下：

$$\ln\left[\frac{p(y_i=1)}{1-p(y_i=1)}\right]=\theta_0+\theta_1 GEN+\theta_2 AGE+\theta_3 MAR+\theta_4 EDU+\theta_5 SKI+\theta_6 SCA+ \theta_7 HUK+\theta_8 LOC+\theta_9 INC+\theta_{10} WAG+\theta_{11} CHA+\theta_{12} COM+ \theta_{13} TIM+\theta_{14} QUA+\theta_{15} PER+\theta_{16} AGR+\theta_{17} PRO+\theta_{18} BON+ \theta_{19} ACQ+\theta_{20} HEA+\theta_{21} HOU+\mu_i \tag{5-6}$$

式中，$i=11$，12；$y_{12}$表示相较于城镇居民的农民工收入质量的自我评价；$\theta_0$ 为常数项；$\mu_i$ 为随机扰动项。模型中共引入 21 个自变量。估计结果见表 5-4。

模型十二“与城镇居民相比，农民工对自己的收入质量感到满意”。个人特征变量中，性别（*GEN*）在 10% 的显著性水平上对农民工收入质量满意程度产生影响，表明与男性农民工相比，女性农民工更认同其收入质量高于城镇居民的说法；年龄（*AGE*）对农民工收入质量满意程度在 5% 的显著性水平上产生正向影响，这表明年龄较大的农民工更认同其收入质量优于城镇居民的说法；婚姻状况（*MAR*）在 10% 的水平上通过显著性检验，表明与未婚农民工相比，已婚农民工更认同其收入知识性质量满意程度大于城镇居民的说法；受教育水平（*EDU*）对农民工收入质量满意程度在 5% 的显著性水平上产生正向影响，这表明受教育水平较高的农民工更倾向于认同其收入质量优于城镇居民；技能水平（*SKI*）对农民工收入质量满意程度在 5% 的显著性水平上存在影响，表明农民工技能水平越高越倾向于认为其收入质量满意程度高于城镇居民。家庭特征变量中，家庭规模（*SCA*）在 10% 的显著性水平上对农民工收入质量满意程度产生负向影响，表明家庭规模较小的农民工更倾向于认同其收入质量优于城镇居民的说法；户口现状（*HUK*）在 10% 的显著性水平上对农民工收入质量满意程度产生影响，表明户口已迁移的农民工其收入质量满意程度比农民更高；打工地位置（*LOC*）对农民工收入质量满意程度在 1% 的显著性水平上产生影响，表明就业地区在西部的农民工收入质量满意程度较低。收入特征变量中，2011 年家庭总收入（*INC*）和月工资收入（*WAG*）分别在 5% 和 10% 的显著性水平上对农民工收入质量满意程度产生正向影响，表明家庭总收入和月工资水平越高的农民工越倾向于认同其收入质量满意度高于城镇居民的说法；工作单位更换次数（*COM*）在 10% 的显著性水平上对农民工收入质量满意程度产生负向影响，表明工作单位更换次数较少的农民工对其收入质量更为满意；打工收入占总收入比例（*PER*）在 1% 的显著性水平上对农民工收入质量满意程度产生正向影响，表明打工收入占总收入比例越高的农民工越倾向于认为其收入质量高于城镇居民。奖金或提成占工资收入（*BON*）在 10% 的显著性水平下对农民工收入质量满意程度产生正向影响，表明奖金或提成占工资收入较高的农民工更倾向于认同其收入质量高于城镇居民的说法；获取成本（*ACQ*）对农民工收入质量满意程度产生

10%水平的显著性影响并且方向为负，表明获取成本越高的农民工越倾向于认为其收入质量满意程度低于城镇居民；从事行业对健康损益（*HEA*）在10%的显著性水平上对农民工收入质量满意程度产生影响，表明从事行业对健康有益的农民工更倾向于认同其收入质量满意程度高于城镇居民的说法；日工作时间（*HOU*）对农民工收入质量满意程度在5%的显著性水平上产生负向影响，这表明日工作时间较短的农民工其收入质量满意程度比城镇居民更高。

收入特征中的年工资变动幅度、工资是否能按时和足额领取、农业是否为主要收入来源、财产性和转移性收入等自变量并未对与城镇居民相比农民工收入质量满意程度产生显著影响。总之，相比较男性、年龄较轻、已婚、受教育水平和技能水平较低、家庭规模较大、户口未迁移、打工地位于西部、2011年家庭总收入和月工资收入较低、工作单位更换次数较多、打工收入所占总收入比例较低、奖金或提成占工资收入较低、获取成本较高、从事对健康有害行业、日工作时间较长的农民工，女性、年龄较大、未婚、受教育水平和技能水平较高、家庭规模较小、户口已迁移、打工地位于东部、2011年家庭总收入和月工资收入较高、工作单位更换次数较少、打工收入所占总收入比例较高、奖金或提成所占工资收入较高、获取成本较低、从事行业对健康有益并且日工作时间较短的农民工更倾向于认同其收入质量满意程度明显优于城镇居民。

## 5.5 本章小结

本章根据调查数据，分别在比较对象是农民和城镇居民的前提下，从五维度及总体角度对农民工收入进行总体评价。结果发现，与农民相比，农民工对自身收入充足性、稳定性、结构性和知识性感到满意，对自身收入成本性感到不满意。与城镇居民相比，农民工对自身收入充足性、稳定性、结构性、成本性和知识性均感到不满意。总体而言，与农民相比，农民工对其收入质量感到满意；但与城镇居民相比，农民工对其收入质量感到不满意。

通过建立二元Logit模型分析影响农民工收入质量及五维度的影响因素，得知：已婚、受教育水平较高、户口已迁移到城市、打工地位于东部、2011年家庭总收入和月工资水平较高、年工资增长幅度较大、工作单位更换次数较少、打工收入所占总收入比例较高并且获取成本较低的农民工更倾向于认同其收入充足性满意程度明显优于城镇居民。

已婚、受教育水平较高、家庭规模较小、户口已迁移、2011年家庭总收入较高、年工资增长幅度较大、工资能够按期和足额领取、农业收入是主要收入来源之一并且获取成本较低的农民工更倾向于认同其收入稳定性满意程度明显优于城镇居民。

女性、年龄较小、家庭规模较小、打工地位于西部、2011年家庭总收入较高、工作单位更换次数较多、农业收入是主要收入来源、财产性和转移性收入较多、奖金或提成占工资性收入比例较高、获取成本较低并且从事行业对健康有益的农民工更倾向于认同其收入结构性满意程度明显优于城镇居民。

年龄较大、未婚、受教育水平较高、户口已迁移、月工资收入较低、打工收入所占总收入比例较低、获取成本较低、从事对健康有益行业并且日工作时间较短的农民工更倾向于认同其收入成本性满意程度明显优于城镇居民。

男性、年龄较大、已婚、受教育水平和技能水平较高、家庭规模较小、户口已迁移、打工地位于东部、2011 年家庭总收入较高、获取成本较低并且从事对健康有益行业的农民工更倾向于认同其收入知识性满意程度明显优于城镇居民。

女性、年龄较大、未婚、受教育水平和技能水平较高、家庭规模较小、户口已迁移、打工地位于东部、2011 年家庭总收入和月工资收入较高、工作单位更换次数较少、打工收入所占总收入比例较高、奖金或提成所占工资收入较高、获取成本较低、从事行业对健康有益并且日工作时间较短的农民工更倾向于认同其收入质量满意程度明显优于城镇居民。

# 6 农民工收入质量低的负外部效应

## ——犯罪倾向影响因素研究

### 6.1 农民工犯罪概述

我国正处于城市化全面推进阶段，经济的快速增长和城市人口的不断增多必然导致犯罪案件增加，农民工犯罪已成为影响城市社会安全的重要因素。

我国正经历着社会、经济变化。第一，剔除掉物价通胀指数影响之后，根据中国统计年鉴测算，1990—2011 年来农民工实际收入增加约 6 倍。第二，基尼系数濒临国际警戒线，收入差距严重影响社会和谐与底层民众心理平衡状态。第三，我国城镇化率突破 55%，“乡土中国”被改写成“城市中国”的历史已拉开帷幕。2014 年农民工监测调查报告显示，农民工数量已达到 2.74 亿人。其中至少 1/3 将定居或已定居城市。农民工由靠传统道德为约束机制的农村社区进入靠法制约束为主的、社会风尚多元并存、人际关系相对淡薄的城市，其监督机制弱化、控制能力下降、文化冲突严重，使得农民工越轨、失范甚至犯罪问题逐渐增多。

随着城镇化进程加速和“第五次犯罪高峰”来临，我国犯罪率出现明显攀升趋势，无论是侵财案件、盗窃案件，还是凶杀与伤害案件都逐年增加。据《中国法律年鉴》记载，1982 年“严打”前全国刑事立案数 74.9 万起，犯罪率为每万人 7.4 起；而 2009 年刑事立案数达 557.99 万起，犯罪率为每万人 41.8 起，增加了 6.45 倍。此数据与农民工（1990—2011）年收入上涨倍数和城镇化年增长率十分接近。

首先，很多经济学家聚焦收入差距或贫富差距与犯罪率的因果关系。实证研究表明：美国暴力和涉枪犯罪与收入差距显著相关，而侵财犯罪与其无关；日本贫富差距与盗窃犯罪正相关，而失业率与谋杀和破门行窃显著正相关，贫困水平只与谋杀显著正相关。UNWCS（United Nations World Crime Surveys）数据发现收入差距扩大显著增加了发展中国家和发达国家的犯罪率。

国内学者认为伴随收入差距扩大和非法市场工资率上升，犯罪的机会成本和门槛下降，这激励犯罪分子配置更多时间从事非法活动，从而引起犯罪率上升，尤其在侵财类犯罪案件中。计量分析结果表明，相对收入差距每上升 1%，刑事犯罪率显著上升 0.37%，且结论在敏感性分析稳健。

也有部分学者得出不同研究结论。美国 47 个独立州 1984 ~ 1993 年面板数据证明，劳动力市场状况尤其是低技术部门工资，劳动力市场状况尤其是低技术部门工资与侵财犯罪逆相关。失业和贫富差距对犯罪率影响并不显著。美国北卡罗来纳州县级面板数据估计贫富差距扩大对侵财犯罪影响较小；收入水平或贫困人口比例增加，对暴力犯罪影响不显著。建议用犯罪社会学的紧张理论诠释暴力犯罪，用犯罪经济学解释侵财犯罪。

其次，移民与犯罪之间的关系亦是学界热点。多数学者认为移民与其迁入地的犯罪率攀升密不可分。移民增多导致原有社会结构解体速度加快，移民群体与城市居民的行为价值观方面的剧烈冲突都可能导致犯罪率升高。但也有人持相反态度。美国当代犯罪学家明确指出社会控制理论强调人人都有犯罪动机这一性恶论，忽略移民有给予社会支持的利他性和接受社会支持的需要；强调社会控制和自我控制对预防和降低犯罪的作用，忽略了社会支持对移民犯罪的直接影响：社会控制也给移民一种外在性控制以及强迫性控制的被动感觉。该理论所推崇的积极刑事政策为预防和减少弱势群体犯罪提供了新的视角。犯罪经济学跨越了心理学和社会抑制理论的范畴，假定移民以犯罪的收益和成本、侦查的收益与成本来理性决策。高昂的惩罚成本对移民刑事犯罪率具有抑制作用。移民是否具有更高犯罪率尚无定论。英国历史上的大规模移民潮证实了移民增加导致侵财性犯罪率上升。

最后，刑罚对于犯罪的威慑和遏制作用。1968 年诺奖得主 Gary Becker 发表在 Journal of Political Economy 上的“Crime and Punishment：An Economic Approach”一文可谓是犯罪与刑罚的经济学分析的开山之作。他将犯罪假定为一个供给函数，要素包括犯罪的成本、犯罪的收益、定罪的概率与惩罚力度。“论犯罪与刑罚”和“道德与立法原理导论”是功利主义倾向古典犯罪学尤其是威胁理论的思想源头。警力配置与美国犯罪率呈反比，惩罚可以降低酒后驾驶发生率。早期一些学者未考虑到方程联立的内生性问题，即犯罪率增加会促使政府扩大警力)，后期一些研究致力通过 Granger 检验或滞后变量厘清二者因果关系。国内学者使用省级面板数据，以政法委书记的“三龄两历”为工具变量，证明司法投入对于减少犯罪无效。其后续研究发现严厉性惩罚策略无法有效遏制犯罪，而确定性惩罚策略可以显著降低犯罪。

已有研究主要侧重剖析收入差距、劳动力市场状态、移民效应和刑罚对犯罪的影响，研究方法和结论较完备。但也存在以下不足。其一，绝大多数研究对象是“犯罪率”，而忽视了对“犯罪倾向”的关注。犯罪率可以作为犯罪倾向的参考指数，但二者题中之义不同。管理的 Smart 原则认为犯罪事前控制策略优于事后控制，防患于未然会极大减少社会成本并提高收益。其二，现有学者通常使用国家或省级宏观数据对农民工犯罪进行估算，缺乏微观个人数据。张丹丹等人（2014）首次利用深圳某男子监狱抽样调查数据，将服刑人员分为暴力、盗窃、涉毒、经济和其他五类进行 Multinominal Logit 分析，但囿于地域范围，研究结论未必契合我国北方地区的犯罪特点。

## 6.2 农民工犯罪倾向理论模型

犯罪经济学重点研究五大关系：犯罪数量与犯罪成本之间的关系，犯罪数量与入狱惩罚之间的关系，罪行、逮捕、定罪的数量和警察、法庭等公共花销之间的关系，定罪数量与坐牢/其他惩罚的成本之间的关系，罪行数量和保护、拘押的私人成本之间的关系。农民工犯罪倾向模型中，时间及机会成本在评价犯罪的投入－收益比中占据重要比重。绝大部分罪犯较少具有合法合规的收入来源渠道，因而其犯罪的机会成本更低。拥有冒险精神、风险偏好型的罪犯其犯罪倾向更大。收入差距的扩大和经济周期导致的间歇性失业人口增多也会导致犯罪率上升。具体的犯罪成本衡量指标包括：最高受教育程度、家庭年收入、个人月收入、就业率、工作年限等。另外，刑罚严酷程度和政府执行成本也影响犯罪成本。罪行被发现、逮捕、扣押和判刑会直接增长政府执法成本和犯罪者直接投入成本而降低犯罪收益。犯罪罪行败露与否、被逮捕与否、判刑与否有两个先决条件：一是罪行暴露的可能性，设为 $P$；二是惩罚犯罪者带来的损失，假设为 $F$。假设惩罚成本用 $E$ 表示，则函数式为：$E=P*F$。刑罚或惩罚成本的提高会降低犯罪选择倾向。此外，犯罪者从事非法活动成功收益这一因素间接影响犯罪倾向。

犯罪倾向行为预测的理论模型认为，犯罪可能性与犯罪收益成正比，而与犯罪的时间机会成本、罪行败露可能性和惩罚力度成反比。犯罪倾向理论模型可以表示为：

$$Q_i = Q_i(P_i, F_i, V_i) \tag{6-1}$$

式中，$Q_i$ 表示某特定时期的犯罪数量；$P_i$ 表示特定时间特定罪行败露定刑的可能性；$F_i$ 表示特定时期特定犯罪的惩罚；$i$ 表示某一时期。

上述模型的理论基础即犯罪经济学五大重大关系研究缩影。犯罪者如果没有被逮捕和定罪，就不会受到惩罚。犯罪实质上暗含不确定的“成本的差异化”“惩罚的待遇区别”。犯罪行为人如果判定有罪，则赔付单位价值的惩罚成本 $F_i$、$P_i$ 或 $F_i$ 的任何增加，都会减少犯罪活动的预期收益，因此减少犯罪数量的途径在于：增加“支付”较高“价格”的可能性，或者促使“价格”自身上升。

在警力、司法和专业设备上的投入成本越高，案件性质确定和犯罪者定罪就越容易。假定警察、法庭等“行为”（人力 $m$、物力 $r$、财力 $c$）和投入 $A$ 之间存在一种关系：$A=f(m,r,c)$，$f$ 表示技术水平的生产函数，在 $f$ 和投入价格既定的前提下，增加的“活动”会更加昂贵，如式（6-2）所示：

$$C = C(A) \quad 和 \quad C = \frac{\mathrm{d}C}{\mathrm{d}A} > 0 \tag{6-2}$$

随着警力、法官、律师和陪审团价格下降和指纹识别、搭线窃听、远程控制和测谎等技术水平的提高，达到任一“活动”水平的成本将会越来越低。

“行为”实际测量的近似值是定罪案件数目，它可以表示为：

$$A \cong pQ \tag{6-3}$$

式中，$p$ 是所有案件中定罪案件的比率。

把式（6-3）代入式（6-2）求微分，可得：

$$C_p = \frac{\partial C(pQ)}{\partial p} = C'Q > 0 \tag{6-4}$$

假设 $pQ \neq 0$，那么定罪案件数量或者比率的增加会增加总体成本。

变量选取如下：

（1）因变量。农民工犯罪倾向界定主要依赖于农民工的主观感受和自我评价。农民工犯罪倾向是个二分离散变量。农民工存在犯罪倾向，因变量取“1”；农民工没有犯罪倾向，因变量取“0”。

（2）自变量。犯罪行为目前不能进行精确的时间、地点、人物描述或预测，犯罪倾向采用相对模糊的处理方法可以合理地说明某种类型的人相对其他类型有更高的犯罪概率。具体可以从农民工的个人特征、家庭特征、行为特征和其他特征四个方面展开探究。

个人特征包括性别、年龄和婚姻状况。男性生物基因较女性更具有冲动和攻击性，社会舆论道德要求对于女性比男性更为苛刻，因此男性农民工犯罪倾向可能高于女性。年龄较大的农民工工作经验和职业技能更充分，拥有相对稳定的就业渠道，从事熟练工种，心理期望值和主观心态较平和。年轻农民工犯罪成本低，心理落差相对较大。2012 年统计数据显示 18 ~ 25 岁人口占总人口的 18%，而刑事案件率却占 51%。因此，年轻农民工可能比年长的农民工更具有犯罪倾向。婚姻状况对农民工犯罪倾向的影响方向不明确。配偶分担家庭责任可能降低犯罪倾向；而婚姻压力和动力又会刺激农民工的犯罪倾向。

家庭特征变量包括收入水平、家庭成员是否有犯罪史、母亲受教育水平、母亲精神状况、是否为独生子女和兄弟姐妹个数。

（1）收入水平。犯罪经济学理论认为贫富差距引起的心理失衡是犯罪倾向的重要诱因。收入越低的人，犯罪的成本 - 收益率越高。

（2）家庭成员是否有犯罪史。犯罪父母更有可能通过遗传或婴幼儿时期的影响将生物或身体上的特征传递给后代，从而妨碍了孩子正常社会化。家庭成员有犯罪史的农民工家庭更容易滋生出犯罪的效仿行为。

（3）母亲受教育水平。母亲的受教育水平影响其家庭结构和子女素质及道德层次。大量学者前期研究证明母亲教育水平与农民工犯罪倾向呈反比。

（4）母亲精神状况。患精神病的母亲更可能缺乏必要的教育技巧和以身作则的精神，母亲惩戒和控制不良行为的失败，导致子女在家庭和社会环境中不断出现错误的行为，使其不自觉地陷入违法犯罪或行为不端团体的可能性较大。

（5）是否为独生子女和兄弟姐妹个数。独生子女较容易养成自我为中心和利己主义心态，兄弟姐妹过多可能会导致父母精力分散、教育困难增多和耐心及技巧欠佳，孩子持续进行有害行为的危害程度越严重，因此导致农民工犯罪倾向增加。

行为特征变量包括是否失业，是否酗酒、赌博或斗殴，有无吸毒、偷盗、抢劫或侵犯经历。

（1）是否失业。失业导致合法市场和非法市场的工资率差距拉大，犯罪的门槛效应和时间机会成本降低，使得更多农民工开始在非法市场上配置时间。因此失业可能会加剧农民工犯罪倾向。

（2）是否酗酒、赌博或斗殴。违纪行为通常与低劣的语言技巧和不良业绩相关，而这些因素与农民工犯罪倾向可能存在正相关关系。

（3）有无吸毒、偷盗、抢劫或侵犯经历。有多次违法犯罪记录的人为惯犯，比如有5次以上犯罪记录的人占72%。无论是否被逮捕或受刑，有犯罪经历的农民工较经历清白的农民工更容易产生犯罪倾向。

其他特征中包括社会保险状况、犯罪被发现的可能性和打击力度。

（1）社会保险状况。完善的社会保障体系可以在很大程度上遏制和预防犯罪，而社会保险是社会保障的核心内容。德国刑法学家李斯特把最好的社会政策看成是最好的刑事政策，社会保险可能会显著降低农民工的犯罪倾向。

（2）犯罪被发现可能性和打击力度。犯罪行为的经济学模型认为犯罪几率与惩罚的可能性及严厉程度成反比，而同犯罪收益成正比。刑罚存在边际威慑和边际成本，最佳刑罚点可以达到效用最大化。理论假定农民工犯罪倾向与其被逮捕可能性和刑罚力度成反比。根据对农民工犯罪倾向的理论分析，结合相关研究和调研数据，选取具体变量情况见表6-1。

**表6-1　自变量选取的说明**

| 变量名称 | | 变量含义 | 预期方向 |
|---|---|---|---|
| 个体特征（*PE*） | 性别（*GEN*） | 男性=1，女性=2 | - |
| | 年龄（*AGE*） | 25岁以下=1，26~35岁=2，36~45岁=3，46~55岁=4，56岁以上=5 | - |
| | 婚姻状况（*MAR*） | 已婚=1，未婚=2，离异=3 | |
| | 受教育最高程度（*EDU*） | 没上过学=1，小学肄业=2，小学毕业=3，初中肄业=4，初中毕业=5，高中肄业=6，高中毕业=7，职专或中专=8，大专或大学=9 | - |

续表 6-1

| 变量名称 | | 变量含义 | 预期方向 |
|---|---|---|---|
| 家庭特征（*HOM*） | 2014 年全家总收入（*INC*） | 1 万元以下 =1，1 ~1.5 万元 =2，1.5 ~2 万元 =3，2 ~2.5 万元 =4，2.5 ~3 万元 =5，3 ~3.5 万元 =6，3.5 ~4 万元 =7，4 万元以上 =8 | - |
| | 家庭成员是否有犯罪史（*HIS*） | 有 =1，没有 =2 | - |
| | 母亲受教育水平（*MED*） | 没上过学 =1，小学肄业 =2，小学毕业 =3，初中肄业 =4，初中毕业 =5，高中肄业 =6，高中毕业 =7，职专或中专 =8，大专或大学 =9 | - |
| | 母亲是否有精神病（*PSY*） | 有 =1，没有 =2 | - |
| | 是否独生子女（*ONE*） | 是 =1，不是 =2 | - |
| | 兄弟姐妹个数（*SIB*） | 按实际数目取值，单位：人 | + |
| 行为特征（*BEH*） | 是否失业（*UNE*） | 是 =1，否 =2 | - |
| | 是否酗酒、赌博、斗殴（*ALC*） | 是 =1，否 =2 | - |
| | 有无吸毒、偷盗、抢劫、侵犯经历（*DRU*） | 有 =1，没有 =2 | - |
| 其他特征（*ELS*） | 保险状况（*INS*） | 没有任何保险 =1，有一两份保险 =2，有三险（养老保险、失业保险、医疗保险）=3，有三险一金（三险和住房公积金）=4，有五险一金（三险一金和工伤保险、生育保险）=5 | - |
| | 犯罪被发现可能性（*POS*） | 很低 =1，较低 =2，较高 =3，很高 =4 | - |
| | 刑罚打击力度（*PEN*） | 很小 =1，较小 =2，较大 =3，很大 =4 | - |

由于本章因变量为虚拟变量（二分离散变量），因此我们采用 Logit 二元离散选择模型进行分析。模型设定形式如下：

$$\ln\left[\frac{p(y=1)}{1-p(y=1)}\right] = \alpha_0 + \alpha_1 GEN + \alpha_2 AGE + \alpha_3 MAR + \alpha_4 EDU + \alpha_5 INC + \alpha_6 HIS + \alpha_7 MED + \alpha_8 PSY + \alpha_9 ONE + \alpha_{10} SIB + \alpha_{11} UNE + \alpha_{12} ALC + \alpha_{13} DRU + \alpha_{14} INS + \alpha_{15} POS + \alpha_{16} PEN + \mu \tag{6-5}$$

式中，$y$ 为农民工犯罪倾向主观评价，$y=1$ 表示农民工存在犯罪倾向；自变量 *GEN*，*AGE*，…，*PEN* 等为影响农民工犯罪倾向的因素；$\alpha_0$ 为常数项；$\mu$ 为随机扰动项。模型中共引入16个自变量。式（6-5）中，$p/(1-p)$为发生比，即农民工存在犯罪倾向的概率$p$与不存在犯罪倾向的概率$1-p$的比值。Logit模型的偏回归系数为相应自变量变动一个单位所带来的对数发生比$\ln[p/(1-p)]$的改变量。对数两边取$e$的指数得$e^{\alpha^i}$，为发生比率。它提供了自变量变动一个单位时发生比变动的倍数，即自变量变动一个单位所带来的发生比变动的百分比为$(e^{\alpha^i}-1)\times 100\%$，这种设置对回归系数的解释较有意义。

## 6.3 数据来源与描述性统计

农民工数据通常来自《国家统计年鉴》《2014年农民工监测调查报告》和农经学者的调查数据，参考性较强。本章研究所用数据来源于中国刑事警察学院公安情报学系组织的二十余名研究生和本科生在2015年10月至12月对农民工进行的问卷调查。样本点覆盖了河北、吉林、山西、黑龙江、浙江、北京、河南、辽宁、山东、内蒙古10省市，共发放问卷600份，回收有效问卷455份，有效率为75.83%。考虑到农民工犯罪的数据较难获取，笔者2016年1月在辽宁省选取3所监狱进行抽样调查，发放问卷300份，剔除无效问卷后剩余220份，有效率为73.33%。问卷涉及农民工的人口特征、家庭经济特征、个人就业状况、社会保障状况、犯罪记录和心理测评等方面。前五个部分侧重农民工客观状况的调查，为方便收集数据，采取定距数据和定序数据相结合的方式定义数据结构。最后一部分主要利用Likert五级量表侧重农民工犯罪倾向主观感知和自我测评。调查人员采用分层抽样方式以保证其代表性，总体来讲不同类型的犯罪嫌疑人均匀分布。调查数据的描述性统计见表6-2。其中A类代表普通农民工，B类代表监狱服刑人员。

**表6-2 调查数据的描述性统计**

| 变 量 | 最小值 | 最大值 | A类均值 | B类均值 | 二者差值 |
|---|---|---|---|---|---|
| 性别（*GEN*） | 1 | 2 | 1.27 | 1.07 | 0.20 |
| 年龄（*AGE*） | 1 | 5 | 2.97 | 2.16 | 0.81 |
| 婚姻状况（*MAR*） | 1 | 3 | 1.36 | 1.98 | -0.62 |
| 最高教育程度（*EDU*） | 1 | 9 | 5.35 | 4.12 | 1.23 |
| 2014年全家总收入（*INC*） | 1 | 8 | 5.15 | 3.89 | 1.26 |
| 家庭成员是否有犯罪史（*HIS*） | 1 | 2 | 1.89 | 1.23 | 0.66 |
| 母亲受教育水平（*MED*） | 1 | 9 | 3.89 | 2.56 | 1.33 |
| 母亲是否有精神病（*PSY*） | 1 | 2 | 1.80 | 1.65 | 0.15 |
| 是否独生子女（*ONE*） | 1 | 2 | 1.78 | 1.91 | -0.13 |

续表 6-2

| 变　　量 | 最小值 | 最大值 | A 类均值 | B 类均值 | 二者差值 |
|---|---|---|---|---|---|
| 兄弟姐妹个数（*SIB*） | 0 | 9 | 2.37 | 2.96 | -0.59 |
| 是否失业（*UNE*） | 1 | 2 | 1.27 | 1.78 | -0.51 |
| 是否酗酒、赌博、斗殴（*ALC*） | 1 | 2 | 1.31 | 1.89 | -0.58 |
| 有无吸毒、偷盗、抢劫、侵犯经历（*DRU*） | 1 | 2 | 1.08 | 1.89 | -0.81 |
| 保险状况（*INS*） | 1 | 5 | 1.81 | 1.24 | -0.57 |
| 犯罪被发现可能性（*POS*） | 1 | 4 | 3.15 | 2.54 | 0.61 |
| 刑罚打击力度（*PEN*） | 1 | 4 | 3.65 | 3.12 | 0.53 |

从性别状况来看，农民工和监狱服刑人员被访者中男性占多数，服刑人员男性比例较普通农民工更高。从年龄状况来看，被访者年龄分布呈正态分布，服刑人员较普通农民工更为低龄化，其中 25 岁以下的服刑人员占涉罪人员的 50%。从婚姻状况来看，农民工群体婚姻状态更稳定，服刑人员中未婚和离异比例更高。从受教育程度来看，被访者受教育水平偏低，初中水平者相对居多，服刑人员教育水平明显低于一般农民工。从家庭特征来看，服刑人员的家庭年收入明显低于农民工，收入总量偏低或者贫富差距导致犯罪率增高的犯罪经济学理论间接得到佐证；服刑人员的家庭成员犯罪史明显多于普通农民工，二者差值为 0.66；服刑人员的母亲平均受教育水平是小学肄业，普通农民工的母亲受教育水平是初中肄业；服刑人员的母亲更有可能患有精神疾病；服刑人员的家庭子女数目多于普通农民工，且更多为非独生子女，养育子女数量增多可能会分散监护人精力造成质量下降。从行为特征来看，服刑人员的失业率远远高于普通农民工，二者差距为 0.51；服刑人员违纪行为（酗酒、赌博、斗殴经历）和违法行为（吸毒、偷盗、抢劫、侵犯经历）分别比普通农民工群体高于 0.58 和 0.81。从保险状况来看，70% 的服刑人员没有任何社会保险，普通农民工平均拥有 1.81 份保险，服刑人员的社会保障比普通农民工更加薄弱；普通农民工认为犯罪被发现的可能性和刑罚打击力度高于服刑人员估计值。

## 6.4 模型估计结果、检验与分析

### 6.4.1 估计结果及检验

根据调查数据，本章采用 SPSS 16.0 利用极大似然法（ML）对农民工收入犯罪倾向影响因素进行考察，选用全部变量进行统计分析的方法，估计结果见表 6-3。其中模型一分析数据样本为普通农民工，模型二的样本是服刑农民工。

**表 6-3 农民工犯罪倾向自我评估的 Logit 模型统计结果**

| 变　量 | 模型一 | | 模型二 | |
|---|---|---|---|---|
| | 系数（B） | 标准误差 | 系数（B） | 标准误差 |
| *GEN* | -0.291 * | 0.161 | -0.371 *** | 0.127 |
| *AGE* | -0.322 * | 0.261 | -0.0790 * | 0.0990 |
| *MAR* | -0.0838 | 0.324 | -0.169 | 0.124 |
| *EDU* | -0.256 * | 0.138 | -0.952 ** | 0.469 |
| *INC* | -0.218 * | 0.125 | -1.699 ** | 0.798 |
| *HIS* | 0.262 | 0.194 | 0.439 *** | 0.167 |
| *MED* | -0.568 ** | 1.250 | -0.371 *** | 0.127 |
| *PSY* | -0.0838 | 0.324 | -0.0587 | 0.103 |
| *ONE* | -0.568 | 1.250 | -0.407 | 0.180 |
| *SIB* | 1.424 * | 0.750 | 0.366 *** | 0.132 |
| *UNE* | -0.329 * | 0.180 | -0.359 ** | 0.179 |
| *ALC* | -1.222 * | 0.677 | -0.160 ** | 0.0706 |
| *DRU* | -0.272 ** | 0.151 | -0.294 *** | 0.166 |
| *INS* | -0.282 * | 0.161 | -0.211 | 0.193 |
| *POS* | -0.436 ** | 0.190 | -0.0213 | 0.179 |
| *PEN* | -0.305 | 0.204 | -0.149 ** | 0.142 |
| Constant | 5.673 ** | 2.431 | 4.674 * | 2.610 |
| log likelihood | -215.516 | | -142.026 | |
| Pseudo $R^2$ | 0.759 | | 0.816 | |

注：*** 表示 $p<0.01$，** 表示 $p<0.05$，* 表示 $p<0.1$。

### 6.4.2 估计结果分析

（1）个人特征变量。性别（*GEN*）分别在10%和1%的显著性水平上对农民工犯罪倾向自我评价产生负向作用，表明男性比女性的犯罪倾向更大，服刑人员尤为突出。这与近年来男性犯罪占犯罪总量的90%以上的统计数目相符。年龄（*AGE*）在1%水平上具有显著的负向影响，表明年龄越轻的普通农民工或服刑人员其犯罪倾向越强，根据近年来人口普查统计，18～25岁的人占总人口的18%，但在刑事案件中占51.63%，青少年犯罪的时间机会成本低，犯罪率高已是事实。教育程度（*EDU*）在10%的显著性水平上对普通农民工犯罪倾向产生负向影响，在 5% 的显著性水平对服刑人员产生影响，表明教育水平越高的人犯罪倾向越低（经济犯罪类不适用）。婚姻状况（*MAR*）没有通过显著性检验。

（2）家庭特征变量。家庭总收入（*INC*）对农民工犯罪倾向在 10% 和 5% 水平上具有显著影响，贫富差距产生的心理失衡感和犯罪结果乐观预期刺激农民工犯罪倾向并滋生犯罪行为，70% 以上的农民工涉案均与侵财类相关。家庭成员是否有犯罪史（*HIS*）对普通农民工犯罪倾向没有显著影响，但是对服刑人员具有显著影响。家庭成员犯罪多是由于经济基础薄弱和社会关系缺乏导致其工作和学习能力的缺乏，父母犯罪的家庭更有可能通过遗传或者胎儿期的影响把生物特性传递给后代，从而妨碍孩子正常的社会化。遗传因素和社会纽带的弱化可能会导致服刑人员犯罪倾向增强。母亲受教育水平（*MED*）分别在 5% 和 1% 的显著性水平上对普通农民工和服刑人员犯罪倾向产生负向影响，表明母亲文化水平越高其犯罪倾向越低。母亲在教育子女方面的重要程度普遍高于父亲，教育水平更高的母亲往往具有更好的耐性、必要的教育技能和以身作则的精神，其子女持续进行有害行为的危害程度越低，以后犯罪倾向就越低。兄弟姐妹个数（*SIB*）对农民工犯罪倾向在 10% 和 1% 的显著性水平上产生负向影响，表明兄弟姐妹越多的家庭其犯罪倾向越高，兄弟姐妹过多可能使任何一个孩子都接受不到应得的关怀，而如果其中有一个兄弟姐妹产生犯罪或越轨行为就会成为调查样本滋生犯罪倾向的重要诱因。母亲是否有精神病（*PSY*）和是否独生子女（*ONE*）没有显著影响。

（3）行为特征变量。是否失业（*UNE*）分别在 10% 和 5% 的显著性水平上对普通农民工和服刑人员产生影响，表明失业与农民工犯罪倾向成反比。一方面，失业率增加会直接推动犯罪率上升，而由于农民工缺乏最低生活保障和社会保险，他们会更加脆弱并更容易走向犯罪；另一方面，失业率上升还会推动地方政府采取更加歧视农民工的就业政策来保护城市居民的就业，因而在犯罪率上升和犯罪高峰持续的过程中起到了推波助澜的作用。是否曾有酗酒、赌博、斗殴（*ALC*）等违纪行为分别在 10% 和 5% 的显著性水平上对普通农民工和服刑人员犯罪倾向产生负向影响，表明早期行为中存在酗酒、抽烟、斗殴等现象的农民工更容易出现犯罪倾向。是否曾有吸毒、偷盗、抢劫、侵犯经历（*DRU*）等违法行为在 5% 和 1% 的显著性水平上对普通农民工和服刑人员犯罪倾向产生负向影响，表明曾经有犯罪记录的农民工非常可能会再次涉案犯案。服刑人员平均犯案次数为 6 次，刑释人员重返社会后因其破坏性行为模式难以彻底改观所以仍不能对其放松警惕。

（4）其他特征。社会保险（*INS*）对普通农民工犯罪倾向在 10% 的显著性水平上产生负向影响，表明社会保险越多的农民工犯罪倾向越低。由于工业化和城市化带来的家庭和社区结构转型，收入差距产生的社会矛盾逐渐增加，农民工处于社会较低阶层，容易出现精神焦虑和反社会倾向。相对充足的社会保障有利于化解冲突，促进社会团结和谐。但社会保险（*INS*）变量对于服刑人员作用不显著，可能因为服刑人员社会保障普遍缺失而产生同质性削弱了联系，因此社会保险对于抑制犯罪倾向没有显著影响。犯罪被发现的可能性（*POS*）在5%的显著性水平上对普通农民工犯罪倾向产生负向影响，说明犯罪被发现的可能性越高，农民工犯罪倾向就越低。被捕可能性增高会提高农民工犯罪成本，降低其犯罪收益，因此可能使犯罪率下降。但是犯罪被发现可能性（*POS*）对服刑人员没有显著影响。刑罚打击力度（*PEN*）对普通农民工没有通过显著性检验。刑罚打击力度（*PEN*）对服刑人员在5%的显著性水平上产生负向影响，表明刑罚打击力度越大，服刑人员犯罪倾向越小。这是由刑罚的边际威慑作用原理所决定的。

## 6.5 结论与建议

本章以河北、吉林、山西、黑龙江、浙江、北京、河南、辽宁、山东、内蒙古10省市数据为例分析了农民工犯罪倾向的影响因素。研究结论表明：男性、年龄较小、受教育程度较低、家庭收入较少、母亲受教育水平较低、兄弟姐妹个数较多、失业、曾有酗酒赌博斗殴等违纪行为和吸毒偷盗抢劫侵犯经历等违法行为的全部农民工样本犯罪倾向较高。另外，社会保险状况较差和犯罪被发现可能性较低的普通农民工犯罪倾向较高。家庭成员有犯罪史和刑罚打击力度较小的服刑人员犯罪倾向较高。基于10省市实证研究结论，可以得出以下政策建议：

（1）重视青少年、刑释人员和违纪人员三个群体的犯罪预防。青少年犯罪人员（18~25岁）犯罪已占据农民工犯罪人员一半，刑释人员所犯案件占据农民工案件的一半以上，农民工违纪人员释放强烈未来犯罪行为信号，控制好这三个群体才能抓住农民工犯罪的主要矛盾。具体策略可以从关爱青少年身心健康、重视刑释人员社会再融入过程的政策倾向和及时迅速得体处理违纪人员等方面入手。

（2）提高学校教育和家庭教育水平。学校教育方面，男童和女童的教育应同时注重。因为未来犯罪主体是男性，所以需要加强男童教育；因为女童是未来的母亲，而母亲的受教育水平较高可以抑制子女犯罪倾向，所以需要加强女童教育。家庭教育方面，家庭成员有犯罪史具有连带效应，且兄弟姐妹数量有时与质量成反比，可以通过加大政府投资、鼓励民间志愿者行动、发展社区互助等措施以提高农民工教育水平。

（3）提高就业与社会保障水平以保证农民工收入稳定性和缩小收入差距。通过各种途径增加就业岗位、取消非法收费是降低失业率和抑制犯罪率上升的重要途径。要尽快建立覆盖农村居民的社会保障（例如最低生活保障）与救助体系，特别是针对城市失业民工的救助体系，以降低他们在城市劳动力市场上失业后的脆弱性与犯罪动机。这种公共政策瞄准目标的缩小，可以起到降低公共政策成本和提高政策效率的重要作用。

# 7 研究结论与展望

## 7.1 研究结论

目前我国农民工收入数量与质量发展并不匹配，农民工收入质量的实践意义和学术价值越来越受到众多学者和政策制定者的重视。本书根据 2012 年 2 ~7 月实地调研获取的 545 份有效数据，分别从客观和主观两个角度对农民工收入质量进行深刻剖析。其中农民工自评的主观角度分析又依据不同参照物，即分别与农民和城镇居民相比较得出相应结论，并分析了二者异同之处。

### 7.1.1 农民工收入质量概念可以从五维度进行界定

本书从农民工收入质量的充足性、稳定性、结构性、成本性和知识性 5 个维度来理解收入质量的含义。在历年国家统计年鉴、2009 年农民工监测调查报告和其他学者大量相关调研数据的基础上，综合分析了农民工收入质量的 5 个维度，初步得出结论：农民工收入数量充足性比较高，但是农民工收入的稳定性、结构性、成本性和知识性尚且处于较低水平。

### 7.1.2 从现实状况考察，农民工收入质量不高

本书根据 2012 年实地调研数据，系统分析了农民工收入质量的实际状况和潜在问题，并深刻剖析了农民工收入质量提升的 5 个维度。调查数据表明，农民工收入质量充足性较高，稳定性、结构性、成本性和知识性 4 个维度并不令人满意。客观现实状况表明，农民工收入质量滞后与数量上升的现象同时存在，两者之间存在不对称性。

从农民工收入充足性维度而言，受访农民工年家庭总收入和个人月收入与全国同期农民工相应收入相比处于较高水平。收入主要家庭用途是基本生活需要和子女教育，其次为盖房子、结婚和储蓄。农民工 2009 ~2011 年家庭收入状况统计中，有 56% 的人略有积蓄，28.4% 的人收支基本持平，15.6% 的农民工入不敷出。总体而言，2009 ~2011 年农民工收入大于支出，收入充足性较高。

农民工收入稳定性水平较差。第一，从 2009 ~2011 年农民工家庭收入变化趋势来看，农民工收入稳定性总体状况并不令人满意。第二，从农民工工资状况来看，2011 年与 2010 年相比，农民工的年工资变动幅度总体呈上升和稳定趋势。但是，农民工工资领取方式不固定、工资不能按期足额领取、工资和医疗费拖欠

现象严重，这反映了农民工工资收入不稳定的实际状况。第三，从农民工就业状况来看，农民工更换行业和工作单位频繁，就业单位性质大部分为私企和个体户，绝大部分是临时工或合同工，57.7%的农民工从事工人岗位，从事行业是较苦重的体力劳动，57.4%的农民工未与单位签订用工合同，24.7%的农民工认为合同对保障收入作用不重要，56%的用人单位不会全额支付因发生工伤事故而导致的医疗费用，农民工维权意识薄弱。以上状况客观反映了农民工收入稳定性程度不高。

农民工收入结构性比例失衡。88.9%的农民工认为打工收入是其主要收入来源之一，65.9%的农民工认为打工收入占其总收入的比例在70%以上，打工收入已经构成农民工总收入比例最大的收入来源。受访对象中，84.4%的农民工认为农业收入不构成其主要收入来源，财产性收入和转移性收入在农民工总收入结构中比例偏低。现阶段，农民工收入结构不甚合理，来源多样化和来源比重仍需调整，这直接影响了农民工收入质量的进一步提高。

农民工收入成本过高。现阶段农民工的税费负担过重，机会成本损失大，社会资本成本高，包括搜寻成本和信息成本在内的交易成本、探亲耗费时间长且路费高的亲情成本、包括房租和生活用品重置费在内的沉没成本等项目直接增加了农民工的获取成本，并影响其收入质量。

农民工收入知识含量偏低。从受教育程度来看，农民工的平均学历大约是初中，普遍学历程度不高。拥有更高教育水平的农民工通常拥有更多收入，受教育程度偏低对农民工收入质量有负面影响。从技能水平来看，未接受过任何职业培训或者接受职业培训时间过短的人占据农民工的大部分比例，农民工自身所拥有的技能水平与行业技能要求之间尚存在一定差距，农民工需要不断提升自己的技能水平以适应行业发展，进而取得更好的收入质量。

### 7.1.3　相较于农民的农民工收入质量自我评估结果为满意

根据本书调查数据分析，与农民相比，农民工对自身收入充足性、稳定性、结构性和知识性感到满意，对自身收入成本性感到不满意。总体而言，与农民相比，农民工对其收入质量感到满意。

通过建立二元Logit模型分析影响农民工收入质量各维度的影响因素，得知：年龄较小、已婚、受教育水平较高、户口已迁移到城市、打工地位于东部、2011年家庭总收入和月工资水平较高、年工资增长幅度较大、打工收入所占总收入比例较高并且获取成本较低的农民工更倾向于认同其收入充足性满意度明显优于农民。女性、已婚、受教育水平和技能水平较高、年工资增长幅度较高、工作单位更换次数较少、工资能够按期和足额领取、打工收入所占总收入比例较高并且获取成本较低的农民工更倾向于认同其收入稳定性满意度明显优于农民。女性、年龄较大、技能水平较高、打工地位于东部、2011 年家庭总收入较高、工作单位更换次数较多、打工收入所占总收入比例较低、财产性和转移性收入较多、奖金或提成占工资性收入比例较高、并且获取成本较低的农民工更倾向于认同其收入结构性满意度明显优于农民。女性、已婚、受教育水平较高、打工地位于东部、2011 年家庭总收入较高、月工资收入较低、打工收入所占总收入比例较低、获取成本较低并且从事对健康有益行业的农民工更倾向于认同其收入成本性满意度明显优于农民。已婚、受教育水平和技能水平较高、打工地位于东部、2011 年家庭总收入和月工资收入较高、打工收入所占总收入比例较高、获取成本较低并且从事对健康有益行业的农民工更倾向于认同其收入知识性满意度明显优于农民。女性、年龄较大、已婚、受教育水平和技能水平较高、家庭规模较小、打工地位于东部、2011 年家庭总收入和月工资收入较高、年工资增长幅度较大、工作单位更换次数较少、工资能够足额领取、打工收入所占总收入比例较高、农业收入是主要收入来源之一、奖金或提成所占工资收入较高、获取成本较低、从事行业对健康有益并且日工作时间较短的农民工更倾向于认同其收入质量满意度明显优于农民。

### 7.1.4 相较于城镇居民的农民工收入质量自我评估结果为不满意

根据本书调查数据，分别在比较对象是农民和城镇居民的前提下，从五维度及总体角度对农民工收入进行总体评价。研究表明，相较于农民，农民工对自身收入充足性、稳定性、结构性和知识性感到满意，对自身收入成本性感到不满意。相较于城镇居民，农民工对自身收入充足性、稳定性、结构性、成本性和知识性均感到不满意。总体而言，与农民相比，农民工对其收入质量感到满意；但与城镇居民相比，农民工对其收入质量感到不满意。

通过建立二元 Logit 模型分析影响农民工收入质量各维度的因素，得知：与农民相比，农民工对自身收入充足性、稳定性、结构性和知识性感到满意，对自身收入成本性感到不满意。与城镇居民相比，农民工对自身收入充足性、稳定性、结构性、成本性和知识性均感到不满意。总体而言，与农民相比，农民工对其收入质量感到满意；但与城镇居民相比，农民工对其收入质量感到不满意。通过建立二元 Logit 模型分析影响农民工收入质量及五维度的因素，得知：已婚、受教育水平较高、户口已迁移到城市、打工地位于东部、2011 年家庭总收入和月工资水平较高、年工资增长幅度较大、工作单位更换次数较少、打工收入所占总收入比例较高并且获取成本较低的农民工更倾向于认同其收入充足性满意度明显优于城镇居民。已婚、受教育水平较高、家庭规模较小、户口已迁移、2011 年家庭总收入较高、年工资增长幅度较大、工资能够按期和足额领取、农业收入是主要收入来源之一并且获取成本较低的农民工更倾向于认同其收入稳定性满意度明显优于城镇居民。女性、年龄较小、家庭规模较小、打工地位于西部、2011年家庭总收入较高、工作单位更换次数较多、农业收入是主要收入来源、财产性和转移性收入较多、奖金或提成占工资性收入比例较高、获取成本较低并且从事行业对健康有益的农民工更倾向于认同其收入结构性满意度明显优于城镇居民。年龄较大、未婚、受教育水平较高、户口已迁移、月工资收入较低、打工收入所占总收入比例较低、获取成本较低、从事对健康有益行业并且日工作时间较短的农民工更倾向于认同其收入成本性满意度明显优于城镇居民。男性、年龄较大、已婚、受教育水平和技能水平较高、家庭规模较小、户口已迁移、打工地位于东部、2011年家庭总收入较高、获取成本较低并且从事对健康有益行业的农民工更倾向于认同其收入知识性满意度明显优于城镇居民。女性、年龄较大、未婚、受教育水平和技能水平较高、家庭规模较小、户口已迁移、打工地位于东部、2011年家庭总收入和月工资收入较高、工作单位更换次数较少、打工收入所占总收入比例较高、奖金或提成所占工资收入较高、获取成本较低、从事行业对健康有益并且日工作时间较短的农民工更倾向于认同其收入质量满意度明显优于城镇居民。

## 7.2 政策建议

为实现农民工收入的长效增收机制，在着力提高农民工收入数量水平的同时应做好以下政策性建议。

（1）确保农民工收入“稳”中有增。尽量避免由宏观经济政策引发的剧烈经济波动，建立包括医疗保险政策、失业（失地农民）保障和农民退休保障政策等农村主要社会保障政策，加大对家庭特殊困难的贫困人口和低收入人口的补贴力度，提高农民工转移性收入。政府和用人单位应鼓励进城农民工积蓄和利用资本，努力改进过度依赖和损耗体力的生产经营方式。

（2）调整优化农民工收入结构。扩展农民工收入来源渠道，鼓励农民工依靠打工收入和创业收入致富。加强政府服务功能，改善农民工创业环境，努力使市场信息公开化、透明化。加强农地产权保护，完善征占农民土地的补偿机制。完善土地承包和转让制度以提高农民工财产性收入。在明确农村土地承包权、宅基地使用权等物权的基础上，允许农民工转让土地承包以获取租金作为其创业资本；健全土地流转制度，允许农民工对其土地进行买卖为其提高收入质量提供资金积累。

（3）降低农民工收入获取成本。通过合理控制农民工的税费、交易成本等提高农民工收入质量。努力解除农民工在农转非和进城务工过程中的政策性壁垒和障碍，并将农民工的各种合法权益包括医疗、教育和住房等纳入务工城市的管理体系中。给予返乡创业农民工适当的税收优惠，减免不合理税费，降低交易费用，为农村劳动力在城市从事第三产业创造宽松的政策环境。加强推动工伤保险以保障农民工健康状况不受高危工种损害。

（4）提升农民工受教育水平，扩大农民工技能培训覆盖面。首先可以从农村义务教育入手增加对农民学校校舍和教学设备的投入并同时重点解决乡村教师工资拖欠问题。大力发展职业教育和成人教育以提高其学历层次。注重农民工后续教育，引导和规范企业将农村劳动力的培训纳入职工培训的框架中，建立完善的培训体制，探索创新的培训模式以走出低技术陷阱，尤其重点提供农民工在管理和技术方面的培训，从根本上提升农民工收入质量。提倡农民工增加生产经验互助交流以促进工作技能的交流与提高。可以探索建立企业、政府与农民工三方负责的人力资本提升模式，以农民工个人为主体，强化其自我开发能力和创造力。

（5）鼓励农民工户口迁移，开放户籍政策，促进人员流动。户口已迁移的农民工其收入质量高于未迁移者，其城市归属感和融入感也较高。打破户籍壁垒，发挥市场经济看不见的手的宏观调控能力，使人力资源实现自由有效配置。加快建立城乡统筹的劳动力市场，打破对农民工就业流动的限制。缩短农民迁移过程中的时间滞后性，同时通过降低城市生活成本的方法促进农民工向城市合法性永久迁移者转化，逐步缩小城乡劳动者工资差别。增加城市公共产品供给力度，提供低息贷款和廉价租房，降低农民工市民化门槛。鼓励农民工提高组织化程度和社会参与度，打破小农意识和传统地缘、血缘社交网络，跨越城乡鸿沟与城镇居民融为一体，强化其社会资本积累意识。

（6）坚持西部大开发政策，资源适当向中西部倾斜。我国东部地区农民工收入充足性相对较高而且成本性相对较低，拥有较好的收入质量。这与东部地区经济发展水平较高、资源丰富和制度相对健全有关。为平衡地区差异，应进一步开放西部市场，发展民营企业吸纳更多劳动力，建立农民工增收的长效机制以缩小农民工收入质量的区域差异。大力推进西部城市工业化和城市化进程，扩大农民工就业空间。在大力发展大中城市的同时，积极加快小城镇建设进度。

（7）立法提高农民工最低工资，保证农民工按时足额领取工资。充足的收入数量是满足高质量农民工收入的首要前提，应通过立法进一步提高农民工最低工资，明确加班工资和基本工资差异。引导农民工签订正规用工合同，以保障其足额获取收入的权利，并且政府、企业和工会应共同努力协调好劳资关系，强化企业社会责任感，规范相关法律法规解决拖欠农民工工资问题。建立农民工欠薪监督制度，查处欠薪严重企业，责令欠薪企业限期补发农民工工资并公告社会。利用媒体对恶意侵占农民工劳动成果的现象进行曝光并追问其相关责任，配合政府部门对其进行适当处理。

（8）宣传健康教育，确保农民工收入质量可持续发展。鼓励农民工从事对健康有益的行业，提高行业限污标准，保护高危、高温、高寒等行业农民工的健康。另外应适当控制农民工加班时间，以避免疲劳作业。关注进城务工人员的心理健康和生活条件，培养和引导农民工强化健康投资的意识。保护农民工休假休息和劳动保障的权利。

（9）为农民工统一购买保险，保障生产安全和农民工身心健康。加强农民工医疗、工伤、失业和养老保险的建立。《工伤保险条例》强调农民工保险应等同于城镇居民或合同制正式职工，必要时可强制企业为农民工缴纳工伤保险费并建立农民工的基本医疗保险例如大病医疗统筹制度。优化与农民工签订了劳动合同的企业待遇。建立女性职工生育保险保障机制，促使企业为女性农民工缴纳生育保险，使女性农民工享受产假和哺乳假以及津贴。

## 7.3 研究不足与展望

### 7.3.1 研究不足

（1）样本容量有待进一步扩充。目前国内外研究文献对农民工收入质量概念系统论述为数尚少。收入调查数据因涉及个人隐私难以大量获取，本书对农民工收入质量的五个维度，只是由 13 个省市抽样调查获取的 545 份数据从客观和主观两角度进行挖掘，没能全面准确地反映出我国农民工收入质量状况的全貌。

（2）数据后续性有待进一步加强。调查问卷利用 Likert 五级量表来考察农民工收入质量的主观自我感知。主观感知受情境和受访对象个人心态影响巨大，并且随着时间变化同一调查对象对同一事物的评价可能会发生微妙变化。但受调研方式局限性，本书获取调研数据部分在火车站和劳务市场等人口流动性较大的地点进行，难以获得后续数据。如果能获得 2015～2017 年的同一调查对象的持续访问数据，那么对于分析农民工收入质量的动态变化有重要作用。

（3）理论分析有待进一步深入。本书在分析农民工收入质量充足性、结构性、稳定性、成本性、知识性五个维度和质量总体时，理论上主要是以推导出的收入效用普适性公式为主。应深化研究，寻找出更多的理论立足点，扩展收入质量的维度空间。

### 7.3.2 研究展望

（1）在横向发展层面，将农民工收入质量的系统评估拓展到更多领域。本书由于研究范畴和篇幅限制，只将农民工收入质量的系统评估限于充足性、稳定性、结构性、成本性、知识性 5 个维度，农民工收入质量的全方位综合研究还存在较大的发展空间。随着农业经济进程的加快和农民收入规划意识的增强，农民工收入质量的实践意义与理论指导作用将会逐步受到更多学者和政府相关部门的重视，农民工收入质量的研究范围也会进一步扩展到收入获取难易性、可持续性等收入质量的诸多相关方面。

（2）在纵向发展层面，利用现代化手段动态跟踪研究农民工收入质量演变。对农民工收入质量进行后续性研究需要持之以恒的努力和时间序列数据的支撑，建议收集调查对象资料时可在保留匿名调查的同时保留受访农民工的联系方式，进行某一固定时间段的后续访谈和追踪调查。

## 参考文献

[1] 白菊红．农民收入分配对农村经济增长作用分析［J］．经济经纬，2003（5）：93－95.
[2] 白菊红．收入分配不平等理论模型及区域间农民收入分配分析［J］．西北农林科技大学学报（社会科学版），2003（3）：32－35.
[3] 陈春良，史晋川．收入差距、劳动力市场状况与犯罪率［J］．经济学动态，2011（8）：115－121.
[4] 陈春良，易君健．收入差距与刑事犯罪：基于中国省级面板数据的经验研究［J］．世界经济，2009（1）：13－25.
[5] 陈恭军，田维明．扩大贸易开放对我国农民工收入的影响研究［J］．农业技术经济，2012（11）：85－90.
[6] 陈屹立．犯罪经济学研究新进展［J］．经济学动态，2007（12）：67－71.
[7] 陈硕，章元．治乱无需重典：转型期中国刑事政策效果分析［J］．经济学（季刊），2014（7）：1461－1484.
[8] 陈瑶，王浙勤，张惠君．中小制造企业层级对农民工工资及其职业稳定性影响［J］．华中农业大学学报（社会科学版），2014（2）：114－120.
[9] 陈媛媛．工作转换对农民工收入的影响——基于珠三角两代农民工的调查［J］．南方经济，2013（3）：1－12.
[10] 陈珍珍，游家兴．基于分位回归的农民工收入影响因素分析［J］．统计研究，2009（6）：79－84.
[11] 邓曲恒．城镇居民与流动人口的收入差异——基于Oaxaca-Blinder和Quantile方法的分解［J］．中国人口科学，2007（2）：8－16.
[12] 樊琦，韩民春．劳动力流动成本和工资性收入对地区间农民收入差距的影响研究［J］．农业技术经济，2009（4）：28－33.
[13] 方松海，王为农，黄汉权．增加农民收入与扩大农村消费研究［J］．管理世界，2011（5）：66－80.
[14] 高嵩，焦宝松，王建．农民工收入决定的实证分析——以北京市为例［J］．经济问题，2006（10）：62－64.
[15] 龚斌磊，郭红东，唐颖．影响农民工务工收入的因素分析——基于浙江省杭州市部分农民工的调查［J］．中国农村经济，2010（9）：38－47.
[16] 郭凤鸣，张世伟．教育和户籍歧视对城镇工和农民工工资差异的影响［J］．农业经济问题，2011（6）：35－42.
[17] 郭燕枝，刘旭．基于格兰杰因果检验和典型相关的农民收入影响因素研究［J］．农业技术经济，2011（10）：92－95.
[18] 韩菡，钟甫宁．劳动力流出后“剩余土地”流向对于当地农民收入分配的影响［J］．中国农村经济，2011（4）：18－25.
[19] 韩靓，原新．我国农民工收入增长因素的实证分析［J］．人口学刊，2009（1）：37－43.
[20] 贺霞旭．农民工工资变化的宏观影响因素研究（1986～2010）［J］．华南农业大学学报

（社会科学版），2013，12（1）：35－44.
［21］胡联合，胡鞍钢，徐绍刚．贫富差距对违法犯罪活动影响的实证分析［J］．管理世界，2005（6）：34－44，172.
［22］胡愈，陈晓春，许红莲．城乡居民收入差距及农民收入结构分析——来自湘南国家示范区三市的证据［J］．经济理论与经济管理，2012（10）：90－97.
［23］胡宗义，唐李伟，苏静．农村非正规金融发展对农民收入差异影响的实证研究［J］．广东金融学院学报，2012（3）：33－42.
［24］黄乾．工作转换对城市农民工收入增长的影响［J］．中国农村经济，2010（9）：28－37.
［25］黄中生，褚友祥．会计收益质量的影响因素及其评价［J］．现代财经，2004（10）：35－38.
［26］惠树鹏，蔺全录．我国农民增收质量的定量研究［J］．科学技术与工程，2009（23）：7076－7080.
［27］贾立，王红明．西部地区农村金融发展与农民收入增长关系的实证分析［J］．农业技术经济，2010（10）：40－49.
［28］姜长云．中国农民收入增长趋势的变化［J］．中国农村经济，2008（9）：4－12.
［29］孔荣，王欣．关于农民工收入质量内涵的思考［J］．农业经济问题，2013（6）：55－60.
［30］李成贵，赵帮宏．农民收入分配基尼系数分解模型——兼论江苏省农村产业结构变动对农民收入分配差距的影响［J］．农业技术经济，1993（3）：18－21.
［31］李睿，田明．进城农民工工作稳定性对收入变化的影响［J］．北京师范大学学报（社会科学版），2013（5）：124－132.
［32］李树茁，杨绪松，任义科，等．农民工的社会网络与职业阶层和收入：来自深圳调查的发现［J］．当代经济科学，2007，29（1）：25－33.
［33］李振国，席建国．第二、三产业生产总值之和与农民工资性收入关系透析［J］．广东商学院学报，2007（5）：20－24.
［34］梁亚民，杨晓伟．中国城市化进程与犯罪率之间关系的实证研究——基于结构突变的协整分析［J］．犯罪研究，2010（4）：16－25.
［35］林富民．农民增收质量问题浅论［J］．前沿，2005（2）：59－62.
［36］刘洪渭．我国上市公司收益质量评价体系研究［J］．中国工业经济，2011（3）：99－108.
［37］刘璨，林海燕．林业重点工程对农民收入流动的影响研究［J］．中国软科学，2011（1）：34－46.
［38］刘林平，张春泥．农民工工资：人力资本、社会资本、企业制度还是社会环境［J］．社会学研究，2007（6）：114－137.
［39］刘士杰．人力资本、职业搜寻渠道、职业流动对农民工工资的影响——基于分位数回归和 OLS 回归的实证分析［J］．人口学刊，2011（5）：16－24.
［40］刘玉春，修长柏．农村金融发展、农业科技进步与农民收入增长［J］．农业技术经济，2013（9）：92－100.
［41］刘万霞．我国农民工教育收益率的实证研究——职业教育对农民收入的影响分析［J］．

农业技术经济，2011（5）：25－32.
[42] 卢锋．中国农民工工资走势：1979～2010［J］．中国社会科学，2012（7）：47－67.
[43] 卢志刚，宋顺峰．农民工收入微观影响因素统计分析［J］．现代财经，2006（10）：77－81.
[44] 罗正月．劳动收入的最优化——农民工工资增长的新思路［J］．西北农林科技大学学报（社会科学版），2013，13（1）：6－11.
[45] 马金平，周勇．企业培训经历对农民工收入影响研究［J］．调研世界，2013（4）：31－34.
[46] ［美］D. 盖尔·约翰逊．经济发展中的农业、农村、农民问题［M］．林毅夫，译．北京：商务印书馆，2004.
[47] ［美］西奥多·W·舒尔茨．改造传统农业［M］．梁小民，译．北京：商务印书馆，1999.
[48] 孟颖颖，邓大松．农民工城市融合中的“收入悖论”——以湖北省武汉市为例［J］．中国人口科学，2011（1）：74－82.
[49] 彭红碧，李国政．农民工工资市场决定失灵的原因及解决途径［J］．城市问题，2011（4）：91－96.
[50] 钱文荣，卢海洋．农民工人力资本与工资关系的性别差异及户籍地差异［J］．中国农村经济，2012（8）：16－27.
[51] 茹莹，符蓉．收益与收益质量的分层研究［J］．中国工业经济，2003（7）：61－68.
[52] 史清华，晋洪涛，卓建伟．征地一定降低农民收入吗：上海7村调查——兼论现行征地制度的缺陷与改革［J］．管理世界，2011（3）：77－82.
[53] 石振，林锟．建筑业农民工收入影响因素计量分析［J］．求索，2005（6）：22－24.
[54] 宋浩波．犯罪经济学［M］．北京：中国人民公安大学出版社，2002.
[55] 孙江明，钟甫宁．农村居民收入分配状况及其对消费需求的影响［J］．中国农村观察，2000（5）：9－13.
[56] 孙中伟，舒玢玢．最低工资标准与农民工工资——基于珠三角的实证研究［J］．管理世界，2011（8）：45－56.
[57] 田鹤城，万广华，霍学喜．1955—2007年中国经济与犯罪关系实证研究［J］．中国农业大学学报（社会科学版），2009（2）：146－151.
[58] 王春超．农村土地流转、劳动力配置与农民收入增长：基于中国17省份农户调查的实证研究［J］．农业技术经济，2011（1）：93－101.
[59] 王春超，周先波．社会资本能影响农民工收入吗？——基于有序响应收入模型的估计和检验［J］．管理世界，2013（9）：55－68.
[60] 王德文，蔡昉，张国庆．农村迁移劳动力就业与工资决定：教育与培训［J］．经济学（季刊），2013（4）：1131－1148.
[61] 王德祥，李建军．新农村建设、财政支出与农民收入增长——基于贵州省遵义市12个县的实证分析［J］．农业经济问题，2009（2）：42－47.
[62] 王飞．建筑行业农民工收入影响因素分析—以昆明市为例［J］．云南财经大学学报（社会科学版），2010，25（4）：133－135.

[63] 王非．在京农民工收入的因素分析——基于个人和家庭状况的角度 [J]．统计研究，2008，25 (6)：105－107.

[64] 王美艳．转轨时期的工资差异：歧视的计量分析 [J]．数量经济技术经济研究，2003 (5)：94－98.

[65] 王引，尹志超．健康人力资本积累与农民收入增长 [J]．中国农村经济，2009 (12)：24－31.

[66] 王海洋，孟全省，亓红帅，等．财政农业支出与农民收入增长关系研究 [J]．西北农林科技大学学报（社会科学版），2014，14 (1)：72－79.

[67] 王欣，孔荣．影响农民工收入质量的因素研究——基于10省份调查数据的实证分析 [J]．统计与信息论坛，2013 (4)：91－97.

[68] 王欣，孔荣．农民工和农民、城镇居民的收入质量与横向公平比较——基于农民工自我感知调研 [J]．软科学，2014 (1)：110－114.

[69] 王旭明．宁夏农民收入分配差异及原因透视 [J]．农业经济问题，1996 (9)：35－37.

[70] 王旭明．贫困与非贫困地区农民收入差异状况及发展趋势 [J]．中国农村观察，1998 (1)：19－25.

[71] 温涛，冉光和，熊德平．中国金融发展与农民收入增长 [J]．经济研究，2005 (9)：30－43.

[72] 谢嗣胜，姚先国．农民工工资歧视的计量分析 [J]．中国农村经济，2006 (4)：49－55.

[73] 徐建役，姜励卿，谢海江．心理资本与农民工工资收入的相互影响——以浙江省为例 [J]．浙江社会科学，2012 (9)：83－90.

[74] 许庆，田士超，徐志刚，等．农地制度、土地细碎化与农民收入不平等 [J]．经济研究，2008 (2)：83－92.

[75] 徐增海．我国农民工资性收入波动及其环境因素的实证研究 [J]．中国软科学，2011 (6)：186－192.

[76] 严善平．人力资本、制度与工资差别——对大城市二元劳动力市场的实证分析 [J]．管理世界，2007 (6)：4－16.

[77] 杨小玲，陈昆．农村金融深化对农民收入差距影响的实证研究 [J]．财经问题研究，2013 (6)：106－111.

[78] 杨云善．农民工资性收入变动趋势分析 [J]．河南社会科学，2011 (1)：211－213.

[79] 姚大全，杨树琪，陈昊．财政收入质量：一个应引起重视的问题 [J]．财政研究，2004 (9)：9－11.

[80] 叶静怡，薄诗雨，刘丛，等．社会网络层次与农民工工资水平——基于身份定位模型的分析 [J]．经济评论，2012 (4)：31－42.

[81] 叶静怡，周晔馨．社会资本转换与农民工收入——来自北京农民工调查的证据 [J]．管理世界，2010 (10)：34－46.

[82] 严于龙，李小云．农民工收入影响因素初步分析 [J]．宏观经济管理，2006 (12)：54－56.

[83] 余新培．资产质量和收益质量及其分析 [J]．当代财经，2003 (2)：119－121.

[84] 张丹丹，王也，Xin Meng，等．农民工犯罪类别的决定因素——基于监狱调查数据的实

证分析 [J]. 经济学（季刊），2014（10）：83 - 112.

[85] 张古鹏，姜学民，任龙. 城市农民工人力资本收益率及收益差异分析——基于对青岛市农民工的调查 [J]. 统计与决策，2007（7）：78 - 81.

[86] 张晋武. 试论财政收入的量与质 [J]. 财政研究，1982（3）：20 - 26.

[87] 张娜，雷怀英. 新生代农民工收入影响因素研究——基于天津市的调查 [J]. 农业技术经济，2013（7）：45 - 52.

[88] 张平全. 新疆农民收入分配差异及其评价 [J]. 农业经济问题，1987（10）：39 - 43.

[89] 张世伟，赵亮，万相昱. 人力资本对农村迁移劳动力收入的影响研究 [J]. 重庆大学学报（社会科学版），2009，15（1）：20 - 23.

[90] 张晓山，崔红志. 关键是调整国民收入分配格局——农民增收问题之我见 [J]. 农业经济问题，2001（6）：2 - 10.

[91] 张学志，才国伟. 社会资本对农民工收入的影响研究——基于珠三角调查数据的证据 [J]. 中山大学学报（社会科学版），2012，52（5）：212 - 220.

[92] 张杨衍. 进城农民工人力资本对其非农收入的影响——基于江苏省南京市外来农民工的调查 [J]. 农村经济，2007（8）：57 - 60.

[93] 张占贞，王昭君. 我国农民工资性收入影响因素的实证研究 [J]. 农业技术经济，2010（2）：56 - 61.

[94] 赵涛. 云南农业政策对农民收入分配的影响——一项基于可计算一般均衡（CGE）模型建构的调研 [J]. 经济问题探索，2004（5）：80 - 82.

[95] 钟甫宁，顾和军，纪月清. 农民角色分化与农业补贴政策的收入分配效应——江苏省农业税减免、粮食直补收入分配效应的实证研究 [J]. 管理世界，2008（5）：65 - 76.

[96] 周斌，段雯. 上市公司收益质量分析 [J]. 武汉大学学报（社会科学版），2003（1）：99 - 101.

[97] 周井娟. 不同行业农民工收入影响因素比较 [J]. 统计与决策，2008（2）：98 - 100.

[98] 宗成峰，李茜. 农民工收入影响因素的计量分析——以北京市建筑业为例 [J]. 中国农业大学学报（社会科学版），2008（4）：164 - 169.

[99] 朱秋莲，高志仁. 农民工收入分配遭遇的制度困境 [J]. 湖南社会科学，2008（6）：135 - 136.

[100] Balint B., Wobst P. Institutional Factors and Market Participation by Individual Farmers: the case of Romania [J]. *Post-Communist Economics*, 2006, 18 (1): 101 - 121.

[101] Barth E., Bratsberg B., Raaum, O. Identifying Earnings Assimilation of Immigrants under Changing Macroeconomic Conditions [J]. *Scandinavian Journal of Economics*, 2004, 106 (1): 1 - 22.

[102] Barth E., Bratsberg B., Raaum, O. Local Unemployment and the Relative Wages of Immigrants: Evidence from the Current Population Surveys [J]. *Review of Economics and Statistics*, 2006, 88 (2): 243 - 263.

[103] Becker G. S. Investment in Human Capital: a Theoretical Analysis [J]. *Journal of Political Economy*, 1962 (11): 9 - 49.

[104] Bell B., S. Machin. Immigrant Enclaves and Crime [J]. *Journal of Regional Science*, 2013,

53 (1): 118 - 141.

[105] Bishop A. J., Luo F., Wang F. Economic Transition, Gender Bias, and the Distribution of Earnings in China [J]. *The Economics of Transition*, 2005, 13: 239 - 259.

[106] Briggeman B. C., Gray A. W. A New U. S. Farm Household Typology: Implications for Agricultural Policy [J]. *Review of Agricultural Economics*, 2007, 29 (4): 765 - 782.

[107] Chan K. W. The Chinese hukou system at 50 [J]. *Eurasian Geography and Economics*, 2009, 50 (2): 197 - 221.

[108] Chan K. W., Buckingham, W. Is China Abolishing the Hukou System? [J]. *China Quarterly*, 2008, 195: 582 - 606.

[109] Chaudhuri S. International Migration of Skilled and Unskilled Labour, Welfare and Skilled-unskilled Wage Inequality: a Simple Model [J]. *Journal of Economic Integration*, 2004, 19 (4): 726 - 741.

[110] Cheng Z. M., Wang H. Do Neighbourhoods Have Effects on Wages? A Study of Migrant Workers in Urban China [J]. *Habitat International*, 2013, 39 (7): 246 - 255.

[111] Cheng Z. M., Guo F., Hugo G., et al. Employment and Wage Discrimination in the Chinese Cities: A Comparative Study of Migrants and Locals [J]. *Habitat International*, 2013, 38 (5): 222 - 231.

[112] Chi W., Li B. Glass Ceiling or Sticky Door? Examining the Gender Earnings Differential across teh Earnings Distribution in Urban China, 1987 ~ 2004 [J]. *Journal of Comparative Economics*, 2008, 36: 243 - 263.

[113] Cox E. A., Ureta M. International Migration, Remittance and Schooling: Evidence from EI Salvador [J]. *Journal of Development Economics*, 2003, 72: 429 - 461.

[114] Cullen F. T., John P. Wright, Mitchell B. Chamlin. Social Support and Social Reform: A Progressive Crime Control Agenda [J]. *Crime and Delinquency*, 1999 (45): 188 - 207.

[115] Cui Y, Tani M., Nahm D. The Determinants of Employment Choice of Rural Migrant Workers in China: SOEs and Non-SOEs [J]. *Procedia Economics and Finance*, 2012, 1: 98 - 107.

[116] Demurger S., Gurgand M., Li S., et al. Migrants sa Second-class Workers in Urban China? a Decomposition Analysis [J]. *Journal of Comparative Economics*, 2009, 37: 610 - 628.

[117] Demurger S., Xu H. Returns Migrant: the Rise of New Entrepreneurs in Rural China [J]. *World Development*, 2011, 39 (10): 1847 - 1861.

[118] Deng Q., Li S. What Lies behind Rising Earnings Inequality in Urban China?: Regression-based Decompositions [J]. *CESifo Economic Studies*, 2009, 55: 598 - 623.

[119] Du Y., Park A., Wang S. Migration and Rural Poverty in China [J]. *Journal of Comparative Economics*, 2005, 33 (4): 688 - 709.

[120] Dustmann C., Glitz A., Vogel T. Employment, Wages, and the Economic Cycle: Differences Between Immigrants and Natives [J]. *European Economic Review*, 2010, 54 (1): 1 - 17.

[121] Fajnzylber Pablo, Daniel Lederman, Norman Loayza. What Causes Violent Crime? [J]. European Economic Review, 2002, 46 (2): 1323 - 1357.

[122] Fan C. C. Migrant and Labor-market Returns in Urban China: Resulats from a Recent Survey in

Guangzhou [J]. *Enviroment and Planning*, 2001, 33 (3): 479 – 508.

[123] Fan C. C. The Elite, the Natives, and the Outsiders: Migrant and Labor Market Segmentation in Urban China [J]. *Annals of the Association of American Geographers*, 2002, 92 (1): 103 – 124.

[124] Gao W., Smyth R. Economic Returns to speaking "Standard Mandarin" among Migrants in China's Urban Labour Market [J]. *Economics of Education Review*, 2011, 30: 342 – 352.

[125] Gile J. Rural-Urban Migration in China [J]. *Asian Economic Journal*, 2002, 16 (3): 263.

[126] Grand C., Tahlin M. Job Mobility and Earnings Growth [J]. *European Sociological Review*, 2002 (18): 381 – 400.

[127] Gerber T. P. Getting Paid: Wage Arrears and Stratification in Russia [J]. *American Journal of Sciology*, 2006, 111 (6): 1816 – 1870.

[128] Guo F., Cheng Z. Labour Market Disparity, Poverty, and Inequality in Urban China [J]. *China Perspectives*, 2010, 84: 16 – 30.

[129] Hare D. The Determinants of Job Location and its Effects on Migrants' Wage: Evidence from China [J]. *Economic Development and Cultural Change*, 2002, 50: 557 – 579.

[130] Jiang L. Living Conditions of the Floating Population in Urban China [J]. *Housing Studies*, 2006, 21 (5): 719 – 744.

[131] Johnson D. G. Can Agricultural Labour Adjustment Occur Primarily through Creation of Rural Non-farm Jobs in China? [J]. *Urban Studies*, 2002, 39 (12): 2163 – 2174.

[132] Joanne M. Doyle, Ehsan Ahmed, Robert N. Horn. The effects of labor markets and income inequality on crime [J]. Southern Economic Journal, 1999, 65 (4): 717 – 738.

[133] Jovanovic B. Job Matching and the Theory of Turnover [J]. *Journal of Political Economy*, 1979 (10).

[134] Kan I., Kimhi A. Farm Output, Non-Farm Income and Commercialization in Rural Georgia [J]. *Agricultural and Development Economic*, 2006 (3): 276 – 286.

[135] Kelly M. Inequality and crime [J]. The Review of Economics and Statistics, 2000, 82 (4): 530 – 539.

[136] Keith K., McWilliam, A. The Returns to Mobility and Search by Gender [J]. *Industrial and Labor Relations Review*, 1999, 152 (3): 460 – 477.

[137] Kennedy Bruce P., Ichiro Kawachi. Social Capital, Income Inequality, and Firearm Violent Crime [J]. Social Science and Medicine, 1998, 47 (1): 7 – 17.

[138] Khan A. R., Riskinm C. China's Household Income and its Distribution, 1995 and 2002 [J]. *The China Quarterly*, 2005, 182: 356 – 384.

[139] Knight J., Song L. Chinese Rural Migrants in Enterprises: Three Perspectives [J]. *Journal of Development Studies*, 1999, 35 (3): 73 – 104.

[140] Knight J., Li S. Wages, Firm Profitability and Labor Market Segmentation in Urban China [J]. *China Economic Review*, 2005, 16 (3): 205 – 228.

[141] Lee L. Decomposing Wage Differentials Between Migrant Workers and Urban Workers in Urban China's Labor Markets [J]. *Chna Economic Review*, 2012, 23 (2): 461 – 470.

[142] Lerman Z. Policies and Intitutions for Commercialization of Subsistence Farms in Transition Countries [J]. *Asian Economics*, 2004, 15 (3): 461 -479.

[143] Li X. C., Qian X. Y. Economic Analysis on the Urban-rural Disparity in Human Captial in China [J]. *South African Journal of Economics*, 2011, 79 (2): 146 - 160.

[144] Li X. C., Zhou Y. An Economic Analysis of Remittance of Unskilled Migration on Skilled - Unskilled Wage Inequality in Labor Host Region [J]. *Economic Modelling*, 2013, 33 (7): 428 -432.

[145] Light A., McGarry K. Job Change Patterns and the Wages of Young Men [J]. *The Review of Economics and Statistics*, 1998, 80: 276 -286.

[146] Liu P. W., Meng X., Zhang, J. Sectoral Gender Wage Differentials and Discrimination in the Transitional Chinese Economy [J]. *Journal of Population Economics*, 2000, 13 (2): 331 -352.

[147] Lu Z. Human Capital Externalities and Rural-urban Migration: Evidence from Rural China [J]. *China Economic Review*, 2008, 19: 521 -535.

[148] Lu Z., Song S. Rural-urban Migrantion and Wage Determination: the Case of Tianjin, China [J]. *China Economic Review*, 2006, 17: 337 -345.

[149] Machin S, Meghir C. Crime and Economic Incentives [J]. *Journal of Human Resources*, 2004, 39 (4): 958 -979.

[150] Magnani E., Zhu R. Gender Wage Differentials among Rural-Urban Migrants in China [J]. *Regional Science and Urban Economics*, 2012, 42 (5): 779 -793.

[151] Mathijs J. P. Job Quitting Frictional Unemployment [J]. *American Economic Review*, 1974, 64: 235 -239.

[152] Matila E., Noev N. Subsistence Faring in Central and Eastern Europe: empirical evidence from Albania, Bulgaria, Hungary and Romania [J]. *Eastern European Economics*, 2004, 42 (6): 72 -89.

[153] Maurer-Fazio M., Rawski T. G., Zhang W. Inequality in the Rewards for Holding up Half the Sky: Gender Wage Gaps in China's Urban Labour Market, 1988 ~ 1994 [J]. *The China Journal*, 1999, 41 (1): 55 -88.

[154] Meng X. The Role of Education in Wage Determination in China's Rural Industrial Sector [J]. *Education Economics*, 1995, 3 (3): 235 -247.

[155] Meng X. The Informal Sector and Rural-urban Migrantion: a Chinese Case Sudy [J]. *Asian Economic Journal*, 2001, 15: 71 -89.

[156] Meng X., Zhang J. The Two-tier Labor Market in Urban China: Occupational Segregation and Wage Differentials between Urban Residents and Rural Migrants in Shanghai [J]. *Journal of Comparative Economics*, 2001, 29: 485 -504.

[157] Messinis G. Returns to Education and Urban-Migrant Wage Differentials in China: IV Quantile Treatment Effects [J]. *China Economic Review*, 2013, 26 (9): 39 -55.

[158] Mincer J. Wage Changes in Job Changes [M]. In: R. Ehrenberg. Research in Labor Economics. London: JAI Press, 1986.

[159] Mincer J. Job Training: Costs, Returns and Wage Profiles. In: Stem, D., Ritzen, J. M. M. Studies in Contemporary Economics [M]. Berlin: Springer Berlin Heidelgerg, 1991.

[160] Munasingle L., Sigman K. A Hobo Syndrome? Mobility, Wages and Job Turnover [J]. *Labor Economics*, 2004 (11): 191-218.

[161] Nielson I., Nyland C., Smyth R., et al. Which Rural Migrants Receive Social Insurance in Chinese Cities?: Evidence from Jiangsu Survey Data [J]. *Global Social Policy*, 2005, 5: 353-381.

[162] Parsons D. O. Special Human Captial: an Application to Quit Rates and Layoff Rates [J]. *Journal of political economics*, 1972, 80: 1120-1143.

[163] Parsons D. O. Quir Rates over Time: a Search and Information Approach [J]. *American Economic Review*, 1973, 63 (6): 390-401.

[164] Quibria M. G. International Migration, Remittance and Income Distribution in the Source Country: a Synthesis [J]. *Bulletin of Economic Research*, 1997, 49 (1): 29-46.

[165] Roberts K. D. The Determinants of Job Choice by Rural Labor Migrants in Shanghai [J]. *China Economic Review*, 2001, 12 (1): 15-39.

[166] Roberts K. D. Rural Migrants in Urban China: Willing Workers, Invisible Residents [J]. *Asian Pacific Business Review*, 2002, 8 (4): 141-158.

[167] Sellin T. Culture, Conflict, and Crime [M]. New York: Social Science Research Council, 1938.

[168] Sicular T., Ximing Y., Gustafsson B. A., et al. The urban-rural Income Gap and Inequality in China [J]. *Review of Income and Wealth*, 2007, 53 (1): 93-126.

[169] Sicular T., Ximing Y., Gustafsson B. A., et al. How Large is China's Rural-urban Income Gap? [M]. Cambridge, Mass: Harvard University Press, 2010.

[170] Taft D. R. Does Immigration Increase Crime [J]. Social Force, 1933, 12 (1): 69-77.

[171] Taylor J. E., Rozelle S., de Brauw A. Migrant and Incomes in Source Communities: a New Economics of Migrant Perspective from China [J]. *Economic Development and Cultural Change*, 2003, 52 (1): 75-101.

[172] Topel R. H., Ward M. P. Job Mobility and the Career of Young Man [J]. *Quarterly Journal of Economics*, 1992, 107 (5): 439-479.

[173] Tsushima Masahiro. Economic Structure and Crime: The Case of Japan [J]. Journal of Socio-Economics, 1996, 25 (4): 497-515.

[174] Veeck G. Rural Economic Restructuring and Farm Household Income in Jiangsu, People's Republic of China [J]. *Journal of Contemporary China*, 2004, 13 (14): 801-817.

[175] Wang F., Zuo X. Inside China's Cities: Institutional Barriers and Opportunities for Urban Migrants [J]. *American Economic Review*, 1999, 89: 276-280.

[176] Wang Y. P., Wang Y., Wu, J. Housing Migrant Workers in Rapidly Urbanizing Regions: A Study of the Chinese Model in Shenzhen [J]. *Housing Studies*, 2010, 25 (1): 83-100.

[177] Wong D. F. K., Chang Y. L., He X. S. Rural Migrant Workers in Urban China: Living a Marginalised Life [J]. *International Journal of Social Welfare*, 2007, 16 (1): 32-40.

[178] Yabuuchi S., Chaudhuri S. International Migration of Labor and Skilled-unskilled Wage Inequality in a Developing Economy [J]. *Economic Modelling*, 2007, 24 (1): 128 - 137.

[179] Zahniser S. The Determinants of Temporary Rural-to-Urban Migration in China [J]. *Journal of International Development*, 2002, 15 (8): 939 - 955.

[180] Zhao Y. H. Labor Migration and Returns to Rural Education in China [J]. *American Journal of Agricultural Economics*, 1997, 79: 1278 - 1287.

[181] Zhao Y. Leaving the Countryside: Rural to Urban Migration decision in China [J]. *American Economic Review*, 1999, 89 (3): 281 - 286.

[182] Zhao Z. Migration, Labor Market Flexibility, an Wage Determination in China: a Review [J]. *The Developing Economics*, 2005, 43 (2): 285 - 312.

[183] Zhang H., Song S. Rural-urban Migration and Urbanization in China: Evidence from Time-series and Cross-section Analysis [J]. *China Economic Review*, 2003, 14: 386 - 400.

[184] Zhu N. The Impacts of Income Gap on Migration Decisions in China [J]. *China Economic Review*, 2002, 13: 213 - 230.

# 作者简介

王欣，女，中国刑事警察学院公安情报学系教师，兼任中国系统工程学会应急管理系统工程专业委员会委员、中国“双法”学会高等教育管理分会理事。2014年1月获得美国加州大学戴维斯分校与西北农林科技大学联合培养管理学博士学位，2018年于北京航空航天大学管理科学与工程博士后流动站出站，长期从事应急管理和公安管理的研究工作，主持完成辽宁省社会科学规划基金、中国博士后科学基金课题各1项，参与国家自然科学基金及省部级重点项目3项。2010年至今，以第一作者（通讯作者）共发表学术论文20余篇，其中，CSSCI检索期刊论文（含录用）8篇，EI检索期刊论文3篇，出版学术专著1部。

王雷，男，中国刑事警察学院治安学系、公共安全智能防控研究中心教师，中国系统工程学会会员。2004年毕业于西北农林科技大学计算机科学与技术专业，获得学士学位，2014年毕业于北京科技大学管理科学与工程专业，获得管理学博士学位。2013～2014年，在美国加州大学戴维斯分校交通研究院进行一年的博士联合培养，对应急管理、优化理论、决策分析进行深入研究。2015年进入北京航空航天大学管理科学与工程博士后流动站学习，研究方向为应急管理。主持辽宁省社会科学规划基金项目重点项目1项，参与国家级基金项目3项，省部级项目6项，并作为主要项目开发人员完成企业横向项目3项。在《中国管理科学》《管理评论》《计算机集成制造系统》等期刊上发表论文近20篇。